UNKO

安倍晋三が日本を取り戻した

阿比留瑠比

WAC

はじめに──第三次安倍政権はありうるか

安倍晋三政権はこの八月二十四日、第二次政権発足後からの連続在任日数が二千七百九十九日に達し、大叔父にあたる佐藤栄作を抜いて歴代最長となりました。第一次政権を合わせた通算在任日数は、すでに明治・大正期の桂太郎を超えてトップに立っていました。

ところが、安倍首相は四日後の八月二十八日に突然、辞任を表明しました。持病である厚生労働省指定の難病、潰瘍性大腸炎が再発し、治療・闘病が長期化することが判明したことで、「体力が万全でない中で政治判断を誤ることがあってはならない」という理由からでした。極東情勢が不安定化している中で、病身で自衛隊の最高指揮官の職責を全うできるかと自問自答してきたのでしょう。

安倍首相を惜しみ、感謝を表明する声は国内にとどまらず、米国や欧州、オーストラリアなど世界各国から多数寄せられましたが、病が理由であれば辞任はやむをえません。安倍首相に託されてきた国民の期待、乗り越えるべき諸課題は、長年、官房長官として安倍首相を支えてきた菅義偉《すがよしひで》新首相が引き継ぐことになりました。

本書では、安倍首相が在任中、さまざまな難問、案件をどのような意気込みと考えで取り組んできたかを、総括しました。第一次安倍政権が倒れたあと、首相の一年交代（使い捨て）が続いてきた日本で、これだけの長期政権を築き、政治を安定化させたこと自体が大きな成果・業績だったといえます。この間、安倍首相は歴代首相で初めて世界におけるメインプレーヤーの一人となり、わが国の発信力と影響力はかつてなく高まったのです。

また、先進国の中では珍しい長期安定政権下の日本は、海外投資家たちにとって好ましい投資先となり、株価は上昇し、高値で安定してきました。雇用も当然増え、民主党政権時には韓国と同等にまで落ちていた日本の存在感は高まり、世界に見直されたのです。

安倍首相の自民党総裁としての任期は来年の九月まで残っていました。現在の政治情勢は極めて流動的であり、もしかすると首相本人はそれを望んではいないにしても、党規約を変更して四選を可能にするか特例で任期を延長すれば、政権はさらに続く可能性もありましたが、電撃辞任によりその可能性はいったんは消えました。第一次政権と合わせると、その首相在任日数は三一八八日に達しました。

とはいえ、病状が再び改善されて無症状の寛解状態で安定すれば、まだ六十六歳の安倍氏が復活することはあり得ます。アメリカ大統領選挙は七十代のトランプ氏とバイデン氏とが戦っているのです。吉田茂は七十五歳すぎまで首相でしたし、再び時代が要請すれば安倍首相の三度目の登板が見られるかもしれません。

ともあれ、辞任直後の現時点で、安倍政権とは何であったのかを一括することは難しいでしょうが、ポスト安倍を担うことになった菅義偉政権が発足するにあたって、余りにも多くの内外の敵や中国・武漢発の新型コロナウイルスという未知の脅威と戦いながら、多くの実績を積み上げてきた安倍政権の軌跡を辿ることには意義があると思います。

まず、第一次安倍政権では、連合国軍総司令部（GHQ）の占領下に、その深い影響のもとで作られ、無国籍的だった教育基本法を戦後初めて約六十年ぶりに改正しました。日教組や主要メディアの大反対を押し切り、「伝統と文化の尊重」「国を愛する態度」などを盛り込んだのです。

また、内閣府の外局にすぎなかった防衛庁を「省」に昇格させ、それまでは国会の不作為で存在しなかった憲法改正の手続きを定める国民投票法を制定しました。政府として初めて省庁横断型の拉致問題対策本部を設け、文部科学省の左派官僚が主導した愚民化政策である「ゆとり教育」の見直しも進めました。政府に拉致問題対策本部を設置し、拉致問題担当相を置いて情報の一元化を果したことも大きい。

「十年分ぐらいのことは、この(首相就任以来の)九カ月の間で安倍さんが全部仕上げた。そんな感じがする」

世論の十分な評価は得られなかったにしろ、当時、森喜朗元首相がこう述懐するほどの成果だったのです。一次政権は安倍首相の持病の悪化で約一年で倒れましたが、このときに成したことが、第二次政権以降の仕事の布石となったのです。

そして二〇一二年九月、五年の雌伏期間を経てアベノミクスを携えて党総裁に返り咲くと、日本経済は一気に息を吹き返しました。安倍首相は同年十二月の総選挙で圧勝した後の首相就任後初の記者会見で、第一次政権時代には耳にしなかったこんな表現を使ったのです。

「強い経済は、日本の国力の源であります。強い経済の再生なくして財政再建も日本の将来もありません」

就任間もない二〇一三年一月に出演した読売テレビの番組ではこう語っていました。

「戦後体制からの脱却が私の生涯のテーマで、これは変わっていない。腰をじっくり据え、結果を出しながら国民の信頼を勝ち得て、やるべきことをやっていきたい」

景気回復などで目に見える成果を出しながらでないと、安全保障体制の整備も憲法改正も、いきなりでは国民の支持は得られないということからの発言でした。雌伏時に「あのときはこうすればよかった」との思いをノートに綴り、思索を深めてきた末の判断だったといえます。

安倍政権は同年九月には東京五輪・パラリンピック誘致に成功し、発足約一年後の同年十二月には、第一次政権当時からの懸案だった国家安全保障会議（ＮＳＣ）を設置しました。これにより、外交・安全保障分野や大災害対応などで迅速な政府の意思決定と実行が可能となったのです。

同年十二月には、内閣支持率の下落を覚悟して、機密を漏らした公務員らへの罰則を強める特定秘密保護法を成立させました。各国との情報共有の深化と円滑化を進めるための法律で、日本の安全保障に直結するものでした。

二〇一四年六月には、根拠なく慰安婦募集の強制性を認めて禍根を残した一九九三年の「河野談話」作成過程の検証を実施し、談話が韓国に迎合してつくられたいいかげんなものであることを公表し、少なくとも国内では談話を事実上、無力化しました。またこれが、朝日新聞が自社の慰安婦報道を一部取り消すきっかけとなったのです。

二〇一四年七月には、政府の憲法解釈を変更して集団的自衛権の限定行使を容認し、米国との防衛上の双務性を高めました。野党やマスコミは激しく抵抗しましたが、この時点でやっておいたことで、後に日米同盟は米国の負担ばかりだと主張するトランプ米大統領から、同盟の現状について一定の納得を得られることにもなったのです。

二〇一五年四月には、米上下両院合同会議で「和解」の演説を行い、米政府・議会で絶賛されました。日米の間で「戦後は終わった」(安倍首相)状態が生まれ、二〇一六年五月のオバマ米大統領による現職大統領としての初の広島訪問につながったのです。

二〇一五年八月には、戦後七十年の「安倍談話」を発表しました。欧米諸国による世界の植民地化や、日露戦争が多くの非西洋の植民地の人々を勇気づけたことを指摘するこれまでの政府談話にはない内容でした。安倍首相の目的と意図は、談話の次の部分に凝縮されていました。

「戦争には何ら関わりのない、私たちの子や子孫、そしてその先の子どもたちに、謝罪を続ける運命を背負わせてはなりません」

これにより、「植民地支配」と「侵略」に「痛切な反省」と「心からのおわび」を表明した一九九五年八月の「村山談話」は上書きされ、事実上のお蔵入りとなったのです。

二〇一五年十二月の韓国との間で慰安婦問題の「最終的かつ不可逆的な解決」をうたった慰安婦合意も、韓国に事実上ほごにされたことをもって、失敗だと見る向きがありますが、果たしてそうでしょうか。

安倍政権は当時から、韓国のことだからまた約束を破るかもしれないことも想定した上で、米国を「立会人」にしてテレビカメラの前で日韓両国の外相が並んで合意を発表しました。そしてさっさと十億円の拠出を済ませて日本側の義務は果たし、後はどうなろうと韓国の国内問題であり責任だとの状況をつくったのです。

こうした経緯があるからこそ現在、韓国側が問題の蒸し返しを謀ろうと何を言ってこようと、もう相手にしないという態度が堂々ととれているのです。あえて韓国人が好む表現を使えば、「道義的優位」に立って韓国に強く対処できるのです。

二〇一六年十一月、米大統領選でトランプ氏が勝利すると早速、良好な関係を築きました。トランプタワーを訪れて行った最初の会談では、時間の大部分を中国の脅威を説くことに費やし、これが現在の米国の対中強硬姿勢へとつながっています。

また、安倍首相は同時にトランプ氏や中国の習近平国家主席の脳裏に拉致問題の重大性を刷り込み、それぞれが北朝鮮の金正恩朝鮮労働党委員長と会談した際に、拉致問題を解決する必要性を伝えさせました。北朝鮮にとって一番怖い国である米国と、庇護を頼む中国のトップから直接、拉致問題の解決を迫られた金氏は拉致問題への認識を新たにせざるを得なかったはずです。

相手のあることであり、武漢ウイルスがどうなるかや米大統領選の行方、金氏の体調不良など不確定要素が多いので確たることは言えませんが、筆者は拉致問題はもうあと一押しのところまで来ていると考えています。それだけに安倍首相の辞任は残念でしたが、安倍内閣で拉致問題担当相も兼務してきた菅新首相も経緯を熟知しています。

米国は現在、安倍首相の働きかけで初めて北朝鮮の非核化のプロセスに拉致問題の解決を組み込んでおり、厳しい経済制裁も続けています。金王朝は生き残ろうとするならば、日本にすり寄るしかない。北朝鮮情勢も変転めまぐるしいものがありますが、安倍首相はこう語っていました。

「(世界の激変期は)この膠着《こうちゃく》状態がどう動くかは分からない。事態を動かすには、今のように何か変化があった方がいい」

新しい事態に「どうしよう」と慌てふためくのではなく、新しい事態を利用し、奇貨として国益を増進させようというのが安倍首相の発想でした。

こうして一歩一歩、匍匐《ほふく》前進しながら、安倍首相は二〇一七年五月、満を持した形で憲法九条に自衛隊を明記する憲法改正案を提唱しました。避けるのではないかとみられていた本丸の九条に、攻勢をかけたのです。

もちろん、その後も野党と一部マスコミの抵抗で事態はなかなか進まず、国会の憲法審査会でも野党のサボタージュが続いていることは周知の事実です。また、武漢ウイルスが収束しない中で、憲法改正と言ってもなかなか難しいという状況もありました。安倍首相による憲法改正を支持する人の中にも、事態が遅々として進まないことに、いら立ちを示す者は少なくありませんでした。

ですが、安倍首相は体調に異変が生じる以前には周囲にこう語っていました。

「政治とは、与えられた条件の中で最善を尽くすことだ。もちろん、あと一年余の任期でも憲法改正はあきらめない。かえって一年の方が怖いものはない」

「秋の臨時国会では、憲法審に強い姿勢で臨む。仮に野党が出てこなくても、審議は進めるということだ」

安倍首相は繰り返し、憲法改正のために必要となれば衆院解散・総選挙を打つとも述べていました。しかし、その意欲も、病気の再燃によって頓挫してしまったことは残念なことです。後任の菅新首相も、安倍氏のその意志をきちんと引き継ぎ、改憲に意欲を持ってくれると期待しています。

ただ、強調しておきたいのは、拉致問題解決にしろ憲法改正にしろ、安倍首相にできなかったことを、後任の首相が実現することは極めて困難だということです。安倍政権が積み上げてきた「遺産」の本質を理解して上手に使わないと、不可能といっていいかもしれません。その意味でも、安倍路線の継承者が後継首相に選ばれたことは救いでした。

一癖も二癖もある世界のリーダーたちと安倍首相のように渡り合えると思える政治家

も、歴史認識問題について安倍首相ほど詳しい政治家も、野党はむろんのこと自民党内にもあまり見当たらないのが実情です。外交経験の乏しい菅新首相に、いきなりこの分野で多くを望むこともできませんが、菅新首相もそこは承知していて、外交に関しては安倍首相と相談しながら進める考えを示しています。

本書において、安倍政権の実績として例示してきたこれまでの成果に関しても、菅新首相をはじめ、共に争った候補者や、今回は断念した候補者たちで、引続きやれるやれない以前に強い問題意識を持つ者がどれだけいるでしょうか。

奇しくも二年前に出した本書の前編にあたる拙著(『安倍晋三の闘い　官邸からの報告』ワック)で、次期総裁(首相)になるのは「安倍路線を継承し、力強く政権を運営していける」菅さんが「意外な隠し玉」ではないかと指摘していましたが、その通りになりました。菅新首相の誕生は、安倍首相が心ならずも任期を一年以上残して退陣した中で、不幸中の幸いだったと私は思います。

菅新首相には菅新首相の目指すものや手法もあることでしょう。ただ、安倍首相が掲げ、引き継いだ理想や政策はできるだけ多く成し遂げ、美しい国、日本の将来に向けたレールを敷いてもらいたいと切に願います。

なお、本書執筆中の段階（二〇二〇年九月上旬）では、まだ首相は安倍氏が務めていました。そのため、本書では、安倍氏の肩書としては「安倍首相」としました。

阿比留瑠比

二〇二〇年九月吉日

安倍晋三が日本を取り戻した

◉目次

第二章 朝鮮半島との闘い　犯罪国家と反日国家

装幀／須川貴弘（ＷＡＣ装幀室）
カバー表１、表４写真（産経新聞社）

序章

日本を取り戻すための闘い

国民は評価してくれた！

真情あふれる安倍さんと菅さんのエール交換

「日本を取り戻す。この想いのもと、皆さんと共に政権を奪還し、みんなが夢に向かって進んでいくことができる日本、世界の真ん中で輝く日本を目指し、全力を尽くしてきました。（中略）本日、自民党総裁のバトンを菅義偉《すがよしひで》新総裁に渡します。この七年八カ月、官房長官として、国のために、そして人のために、黙々と汗を流してきた菅さんの姿を私はずっと見てきました。この人なら間違いない。この思いを皆さんと今日一つにできたのではないか。令和時代に最もふさわしい自民党の新総裁ではないでしょうか」

二〇二〇年九月十四日の自民党両院議員総会で菅義偉新総裁が選出された直後、安倍晋三首相（当時）は自らの退任のあいさつで、菅官房長官（当時）の門出を、こう祝福しました。

立ち上がり、安倍首相に向かって深々と一礼をした菅氏は続いてあいさつし、こう呼びかけました。

「まずは自民党総裁として約八年、首相として七年八カ月にわたって、日本のリーダーとして国家国民のために大変なご尽力をいただいた安倍首相に、心から感謝申し上げます。ぜひ万来の拍手を安倍総理にお願いをします」

二人は目を赤くしていました。その光景を見ていて「こんな真情あふれるエール交換、トップの交代劇は、みんなバラバラの民主党系の政党では見られない場面だろう」と、私は感じました。

安倍首相は同日夜、こう語っていました。

「菅さんに促されて（党所属議員の）スタンディングオベーションが起きたときは、私も感動した」

岸田待望論はなぜ萎《しぼ》んだのか

安倍首相は、もともとは後継首相に岸田文雄政調会長（当時）を想定していました。昨年秋ごろから、周囲に「岸田さんは誠実な人柄だ」「約束を守る人だ」などと何度も強調しており、世論や自民党内で自然に岸田待望論が盛り上がるのを期待していたフシがうかがえます。

その前年、二〇一八年九月の自民党総裁選時には、岸田氏が見せた優柔不断さに不満を漏らしていただけに、ああ岸田さんでいこうと決めたのだと思いました。このときの総裁選では、岸田氏は自分も出馬すべきかどうか逡巡し、最後には安倍首相に面会して「私が出た方が首相にとってもいいのでは」と尋ねるありさまでした。

このとき、私が、安倍首相に「これでは、次は菅さんしかいないのではないか」と言ったところ、こんな言葉が返ってきました。

「私も最近、そう思うようになってきたよ」

そもそも安倍首相と菅新首相の二人の最初の出会いは拉致問題がきっかけでした。北朝鮮の貨客船、万景峰号の入港制限の法案を、菅氏が主導して議員立法で作ろうとしていた時、まだ若手議員だった安倍首相がそれを知って連絡してきたのです。そこから二人の関係が始まりました。要は天下同憂の士だったのです。

とはいえ、その後、安倍首相はだんだん岸田氏に傾いていき、周囲にもその意向をほのめかしていたのですが、同時に発信力が弱く、いつまでたっても人気も知名度も高まらない岸田氏で本当にいいか悩んでもいたのです。

後継候補を岸田氏一人に絞るわけにはいかない……。二〇二〇年七月二日に行われた

『月刊Ｈａｎａｄａ』九月号のインタビューでは、安倍首相はポスト安倍をめぐり菅氏についてこう明言していました。

「有力な候補の一人であることは間違いない」

それから持病の潰瘍性大腸炎が徐々に悪化し、すでに体調に異変が出ていた七月二十一日の時点では、再び菅氏を後継とする案に言及し、岸田氏の物足りなさを嘆いていたのです。

「（安倍首相の足を引っ張り、後ろから石を投げ続けた）石破茂元幹事長が首相になることは、とにかく避けなければならない。だとすると、菅さんも候補の一人ではある」「岸田さんはあまりにもねえ。岸田さんと同じ宏池会の流れをくむ谷垣禎一元総裁のときも……」

谷垣氏は二〇一二年九月の総裁選で、現職総裁として立候補を表明していたにもかかわらず、自らが起用した党ナンバー2の石原伸晃幹事長（当時）の出馬を止められず、身を引いていました。

安倍首相は当時、野党・自民党を率いていた谷垣氏の功績を評価しつつ、こう指摘していました。

「どうして谷垣さんじゃダメだったかというと、（民主党政権）を衆院解散に追い込めなかったからじゃない。そうではなくて、人気がないから代えなければいけなかった」

その谷垣氏の姿に、岸田氏がだぶって見えたのでしょう。首相・総裁は選挙の顔という役割を負うことになります。衆院議員の任期は来年（二〇二一年）十月までであり、衆院選は間近に迫っています。

筆者は二〇一二年十月、谷垣氏へのインタビューで、苦しかった野党時代の自民党を牽引してきたにもかかわらず、有権者の評価につながらなかった理由を尋ねたことがあります。するとこんな答えが返ってきました。

「結局、私自身の能力、発信力のなさもあるが、やっぱり政党のトップには自分が目立つことも必要なのかもしれない。俺がトップなんだから、俺が目立つという工夫がもっと……」

一方、岸田氏は今回の総裁選最中の九月十二日の総裁選公開討論会（日本記者クラブ主催）で、率直にこれまでの自身の言動を振り返っていました。

「総裁選を通じて改めて感じたことは、今日までの私の発言は外相だったり、党政調会長だったり、その立場にとらわれ過ぎてきた。自分自身でそれぞれの立場における則《のり》みたいなものをつくってしまって、発言はその範囲を超えることをためらっていた。個人として自由に発言できる立場に立って初めて気づいた」

その通り、この日の岸田氏は闊達《かったつ》で、身振り手振りも三人の候補者の中で一番大きく、個性が際立っていました。安倍首相も「岸田さんは、最初からああしていればよかった」と語っていましたが、今後の活躍が期待できるのではないでしょうか。

自衛隊の最高指揮官が務まるかどうかを考慮

ともあれ、今夏にかけて、自民党内では安倍首相の盟友である麻生太郎副総理兼財務相や、二階俊博幹事長ら実力者たちの間で、岸田氏ではダメだとの空気が共有されていきました。

その後、安倍首相の病状はさらに悪化していきました。八月六日の広島、九日の長崎のそれぞれの原爆平和記念式典への出席は「かなり辛そうだった」（首相周辺）と聞きます。

そして八月半ばごろからは、安倍首相の周囲にいる人たちから「いざというときには、あなたにも連絡が行くと思う」「政界一寸先は闇」といった微妙な言葉を聞くようになりました。

「辞任も想定しているのか」とも思えたのですが、八月十七日に慶応大病院で検診・治療を受けた後の安倍首相はそれまでより元気そうに見えたので、何とか克服して憲法改正や拉致問題など諸課題に取り組んでもらえるものと期待していました。

慶応大病院を訪れた後も、痩せたのではないですかと尋ねたところ、冗談交じりのこんな軽口が返ってきました。

「痩せたことは痩せた。あなたもそうだろうけど、痩せたいと思うときには痩せないものなのにね」

「はじめに」でも触れましたが、連続在職日数が歴代最長だった大叔父の佐藤栄作元首相と並んだ八月二十三日も、声には張りがあり体調は悪くなさそうに思えました。ただこの日は会話の最後に、安倍首相が「私は持病と付き合っているからね」とわざわざ付け加えたことが気になってはいたのです。

安倍首相は八月二十八日、とうとう退陣表明記者会見を行いました。この日午後二時九分、秘書官の一人から「退陣表明です。申し訳ありません」との短いメールが届きました。おそらく、周囲にも辞任を思いとどまるように説得してきた人たちがいたのでしょうが、首相自身の意思が固かったのだなと私は受け止めました。

後に安倍首相は八月二十四日に再び慶応大病院を訪れ、点滴治療などが長引くとの見通しを聞いて判断したと明かしています。ずっと自身の体と向き合いながら、国際情勢やコロナ禍への対応も考え抜き、最後に一人で決断したのであれば「是非に及ばず」でしょう。

安倍首相と当選同期で親しい荒井広幸・内閣官房参与からも、こんなメールが届きました。

「潰瘍性大腸炎悪化の苦痛により、国民の命をあずかる総理として、政治判断を誤るようなことがあってはならないというご自身の信条と察します。この政治的良心での辞職は立派です」

責任感の塊である安倍首相は、病状が悪いときに、自衛隊の最高指揮官が務まるかどうかも考慮したのは間違いないでしょう。

だからこそ、退任する直前の九月十一日に、異例でしたが、安全保障政策に関する談話を発表したのです。その内容は、「迎撃能力を向上させるだけで本当に国民の命と平和な暮らしを守り抜くことができるのか」と指摘し、敵のミサイル基地などを攻撃する「敵基地攻撃能力」保有の検討を暗に促すもので、年内にも結論を出すよう求めていました。集団的自衛権の行使を限定容認して日米同盟を強化する安全保障関連法を成立させた安倍首相ならではのメッセージでした。

話は前後しますが、八月二十八日の記者会見で、国民に感謝を述べた場面は感動的でした。

「この七年八カ月、様々な課題にチャレンジしてきました。残された課題も残念ながら多々ありますが、同時に、様々な課題に挑戦する中で、達成できたこと、実現できたこともあります。全ては国政選挙の度に力強い信任を与えてくれた、背中を押してくれた国民の皆様のおかげであります。本当にありがとうございました」

迷走と失政の末に首相を退くにあたって「国民が聞く耳を持たなくなった」と、まるで国民が悪いと言わんばかりのことを述べた鳩山由紀夫元首相に、つめの垢を煎じて飲ませたいところです。

ただ、そんな中でも感傷にひたる間もなく、総裁選に向けたさまざまな動きは加速していきました。辞任表明のわずか二日後の八月三十日には、二階俊博幹事長に近い党幹部が「菅さんが、安倍首相の後継を選ぶ総裁選に出馬する意向を二階さんに伝えた」との情報を流し、一気に菅総裁実現への流れをつくったのです。

この日夜、安倍首相は、後継は菅氏がいいかとの周囲の問いに、こう答えていました。

「なかなか（辞めていく）私の口からはどうとも言えないが、一番安定感があるのは事実だ」

翌八月三十一日には、出馬を明言している岸田氏が首相官邸を訪ねて安倍首相と面会し、支援を要請してきました。でも、首相は首を縦には振らず、周囲にこう語ったのです。

「支援をしてくれと言われても、私が岸田さんを支持するわけにはいかない。（ずっと安倍政権を支えてきた菅さんが出るという）特別な事態になったからね。菅さんが（後継首相を）やってくれると、路線的に重なる。良かったんじゃないか」

無派閥の菅氏は、あれよあれよという間に鉄板の最有力候補となっていきました。九月一日には、安倍首相はこう漏らしました。

「岸田さんにはちょっと気の毒なことになったけど、（石破氏を破り）二位になってくれればいい」

朝日・共同の世論調査でも安倍政権は高く評価された

皮肉なことに、安倍首相の辞任表明後、安倍内閣や自民党の支持率は大きくアップしました。安倍叩きの確信犯である朝日新聞が九月二、三両日に実施した世論調査でも、七一%もの人が安倍政権の実績を「評価する」との数字が出たのです（朝日はその不本意な結果を九月四日付紙面では、一面で報道することなく、三面右下にさりげなく掲載していたのが印象的でした）。

コロナ禍におけるストレスのはけ口として、安易に安倍政権批判していた国民も、安倍首相の病による辞任表明という現実を見て、冷静になったのでしょう。

安倍首相自身もこの結果には驚き、九月八日にはこんな感想を述べています。

「朝日もこんなことになるとは思わなかっただろう。結果として、（辞任表明は）良かった。世論を変えた」

安倍首相が辞任表明した後、共同通信社が内閣支持率の世論調査をしたところ、なんと五十七%が支持すると回答しています。前回調査より二十%も増加しています。あれほど「反安倍」の記事を垂れ流したにもかかわらずです。あとの章でも触れますが、朝日をはじめとする反安倍報道による洗脳に支配されていない国民が多数だったのです。

ともあれ、九月十四日夜には、菅氏が新総裁に選出されたことを受けて、早速、菅氏を気遣っていました。

「（首相の座に就く）菅さんもこれから大変だ。党両院議員総会のときの顔もすでに緊張していたけれど、首相は人事でも何でも、基本的に一人でやらないといけない。外国と違って国政選挙も多いし、国会にも長時間縛られる」

安倍首相の盟友である麻生太郎氏は首相時代、首相に必要な資質を問われてこう語っています。

「どす黒いまでの孤独に耐えきれるだけの体力、精神力がいる」

また、小泉進次郎環境相は、父の純一郎元首相の退任時を振り返り、「感じたのは『生きて家に帰ってきた』だった」と首相の職務の過酷さを指摘していました。

政治家の中には、菅直人元首相のように伸子夫人に「あの人はずっと楽でした。きついことは一回もなかった気がする」と語らしめる人間離れした神経の持ち主もいますが、ふつうはそうはいかないものです。

それほど「首相」という地位と仕事は、日一日と命を削るものなのです。菅義偉新首相もこれから、この責任と重圧にずっと向き合っていかなければならないのです。

安倍首相は九月十一日には、憲政史上最長となった政権の座から降りる心境をこう語りました。

「全力投球で毎日、毎日走り続けてきて、ようやく肩の荷を下ろすことができる。次の首相は、八年近くもの長く、私を官房長官として支えてくれた菅義偉さんとなりそうで安心している。これからは、一議員としてしっかり菅政権を支えていきたい」

さばさばとした明るい口調が、かえって七年八カ月にわたり背負い続けてきた重圧のすさまじさを表すようでした。

八月二十三日には、これまでを振り返り「長かった。めちゃくちゃ長かった」と述べていましたが、偽らざる感想だったのでしょう。

総裁任期を一年も残し、憲法改正や拉致問題解決など何としても自身の手でやり遂げたかった諸課題を残しての退陣です。安倍首相はもちろん、その信念と手腕に期待してきた国民にとっても、悔しく残念な決断だったことは言うまでもありません。

ただ、完治しない持病とだましだまし付き合いながら激務に当たってきた安倍首相の労苦を思うと、どこかほっとしてもいます。

マスコミの偏執狂的なまでの総攻撃を、最後までしのぎ切った

安倍首相は何をやってもやらなくても、通常は全く問題にされないような事案でも、根拠もない言いがかりを含めてマスコミに批判され続けてきました。マスコミに騙され、あるいは誘導されて安倍政権批判に走る国民も多かったのです。

特に政権の後半は、必要な法案を成立させ、あるいは改正するという本来の仕事は野党やマスコミに妨げられ続けました。こんな、ただ罵詈雑言を浴びるためだけに、首相が出席するというような異常な国会のあり方は、いつまで続くのでしょうか。

それにつけても、安倍首相の辞任会見直前でしたが、朝日新聞の高橋純子編集委員は「多事奏論」（八月二十六日）に、子供が書いたような作文（冒頭「あきらくんはいつもぼくのみかたです。そうりはつかれてる、やすませるべきだと、ぼくがじぶんではあまり、いえないこともいってくれます……」等々）を掲載し、安倍首相の体調を揶揄しました。彼女のコラムの酷さは第三章でも触れますが、「浪花節が流れるようになったら政権はそろそ

ろ末期」「冷たいようだが政治家は結果に責任を負わねばならぬのだから、無休をもって危機の宰相としての能力に付された疑問符を消すことはできない」などと放言を綴っていました。

同じく朝日の鮫島浩記者に至っては、SNSで《安倍総理は病気を理由に退陣する時は記者会見せずそのまま入院するだろう。28日は体調管理しながら続投するという極めて曖昧な会見になる可能性が高い》(八月二十七日)と投稿していましたが、まるで見通しを誤っています。何を勝手に決めつけていたのやらです。

また、私が、安倍政権の成果の一つとして、「オバマ大統領の広島訪問」を産経新聞に書いたら、朝日の上丸洋一編集委員がSNSで《オバマ大統領の広島訪問まで安倍首相のお手柄なのか》と文句を言ってきたことがありました(八月三十日)。でも、誰がどう見ても安倍さんの成果ではありませんか。彼らの歪んだレンズで見ると、平たい事実が見えなくなってしまうのでしょう。

評論家の福田恆存氏は、一九五五年に発表した論文「輿論強ひる新聞」で、当時の吉田茂総理に対する一方的な批判に「どの新聞もどの新聞も、まるで相談したように反吉田になってゐる」「こんなにやっきになって罵詈雑言を浴びせかけなくてもよさそうなものだ」と嘆いていました。

当時の朝日は、吉田氏が、「全面講和論」を批判し、その主導者、南原繁氏を「曲学阿世の徒」と揶揄したものだから、吉田氏を忌み嫌っていたのでしょうが、それは今の「反安倍」の姿勢と同じで、まったく変わっていません。

「シェーン！ カムバック!!」ならぬ「シンゾー！ カムバック!!」の声

ただ、今回の退陣劇には、二〇〇七年九月に第一次安倍政権がついえたときのような喪失感は私にはありませんでした。

当時の衝撃の大きさは、安倍首相の辞任でその成果や路線は完全に否定され、骨抜きにされ、日本の国際的影響力は失墜し、与党は大きな改革や法改正を避けるようになり、世論に迎合してポピュリズムに走るだろうことが予想できたからでした。

そして世論と国民に取り入りさえすればいいとする傾向は、政権交代による民主党政権誕生で完成をみたともいえます。政治は機能不全に陥り、日本は、坂道を転がり落ちるように、国際社会においても小さな存在になっていったのです。

私は前回の安倍首相辞任当時は「これで日本は、十年は時を失うだろう」と考えていました。

「われわれは安倍さんを単騎突撃させ、討ち死にさせてしまった」

第一次政権崩壊後、同志である衛藤晟一参院議員は、すべての案件で自ら矢面に立ち、倒れた安倍前首相についてこんな後悔の念を語っていました。歴史認識問題や安全保障問題で野党や左派メディアと闘いながら、十分な味方の支援がないまま一人で敵陣深くに切り込み、刀折れ矢尽きた安倍首相の姿が目に浮かびます。

筆者も当時、安倍首相の前任の小泉首相には、政権を支える安倍官房副長官（後に官房長官）がいたものの、安倍首相には安倍氏がいないと何度も痛感していました。

ですが、安倍首相は「日本を取り戻す」と訴えて五年三カ月で早くも首相の座に返り咲き、第一次政権の宿題に取り組んでいったのです。

第二次政権以降の安倍首相には菅氏や今井尚哉首相補佐官をはじめ首相を支え、守り、ともに戦う多くの人材が集っていました。再び病に取りつかれはしたものの、戦略的撤退を図るだけの余力は残っていたのです。安倍首相打倒を目指す野党やマスコミの偏執狂的なまでの総攻撃を、最後までしのぎ切ったともいえます。

だからこそ、前述したように、国民の多くが、その実績に高い評価と支持を与えたのでしょう。

「自分は一度、政治的に死んだ人間だ」

「日本中から『お前はダメだ』という烙印を押され、地獄を見てきた」

退陣後、「辞め方が悪い」などと激しい非難や嘲笑を受けてきた安倍首相は、二〇一二年九月の自民党総裁選に再び挑む前後に、よくこう述べていました。そんな地獄に耐え、くぐり抜けて退陣後に再び首相となったのは六十四年ぶり、吉田茂元首相以来の壮挙でした。

六十六歳とまだ政治家としては若い安倍首相には、今後もまだまだ活躍の場は多々あるでしょう。本人にその気がなくても、時代が要請すれば三度目の登板の機会もありえます。

米西部劇の名セリフ「シェーン！　カムバック‼」ならぬ「シンゾー！　カムバック‼」の声は国内からだけではなく、海外からも起こってくるかもしれません。

ただ今は、左傾していた社会を建て直し、時代の流れを大きく変え、日本の針路を指し示した大宰相に感謝し、衷心よりお疲れさまでしたと言うにとどめます。

次章以降で、安倍首相が巨大なる敵といかに闘ってきたか、それを具体的テーマと共に振り返ってみたいと思います。

第一章

武漢ウイルスとの闘い

大陸から襲来した国難

非常時にも公共より人権が優先される国

二〇二〇年初頭から、中国の習近平国家主席による「人災」ともいうべき失策で世界的に拡散してしまった新型コロナウイルス（武漢ウイルス）。その被害の拡大が、わが国の限界を白日の下に晒《さら》し出しています。

これまで日本は、事が起こってから、そのつど法律をつくってきました。例えば伊勢湾台風（一九五九年）の後の災害対策基本法、東海村臨界事故（一九九九年）を受けた原子力災害対策特別措置法……。一九七〇年に起きた赤軍派によるハイジャック事件のような法律が想定していなかった事態を前にすると、ただただ慌てふためくばかりでした。阪神・淡路大震災（一九九五年）、東日本大震災（二〇一一年）では、民法上の「所有権」が車両や瓦礫《がれき》の撤去を遅らせ、スムーズな救助活動を妨《さまた》げた。日本の法体系は、憲法がそうであるように、有事を想定していないのです。

それだけではありません。悲しいことに、すでにある法律すらマトモに運用できないのです。村山富市政権は、地下鉄サリン事件（一九九五年）が起こってもなお、カルト集団・オウム真理教に破壊活動防止法を適用できませんでした。菅直人政権も、東日本大震災発生時の福島原発事故に際して国内政局を優先し、原子力緊急事態宣言を出すのが遅れて初期対応に失敗してしまったほか、安全保障会議を開くのも忘れていました。そして今回、新たに感染症という異常事態が目の前に現れたのです。

新型コロナウイルスの発生地・武漢のある湖北省や、感染の拡大する浙江省《せっこうしょう》など、特定地域への滞在を理由にした入国拒否は今回が初めてのことです。安倍晋三首相が押し切って出入国管理法を何とかやりくりして押し切った形ですが、当初、法務省は「根拠法がない」と難色を示したといいます。法の解釈にも限界があります。感染症拡大という事態を想定して法律がつくられていれば、首相や官邸はもっと素早く動き、入国規制の大きな網を張ることができたはずです。

武漢から政府チャーター機で邦人を避難させた際には、帰国した二人が、「国の検査対象に該当しない」とウイルス検査を拒否しました。安倍首相は「説得したが、法的な拘束力がなかった」と言うしかありませんでしたが、果たしてそれでいいのでしょうか。憲法十二条には、「公共の福祉」のためには基本的人権といえども制限される、という趣旨が明記されています。にもかかわらず、公共の福祉が人権にひれ伏してしまうのが現在の日本なのです。

日本には「口に出したことが本当になってしまう」という言霊《ことだま》信仰があります。小泉純一郎政権時代、安倍晋三官房副長官（当時）が官邸内で北朝鮮有事のシミュレーションについて話していたとき、福田康夫官房長官（同）は「そんなことを口にすると現実になってしまうからやめろ」と止めたそうです。政権中枢ですら非科学的な言霊信仰にとらわれ、有事について考えないようにしてきたのです。

事が起こってから反省を基に根拠法を積み上げることも大切ですが、法律で細部まで規定しきれない事態に備え、政府や首相に権能を集中させる憲法上の大きな枠組みがいま求められています。つまるところ、日本国憲法が有事を想定していないことが最大の問題であって、前文からして、「世の中には優しい人しかいないから、日本さえ悪いことをせずにじっとしていれば世界は平和ならん」という暢気《のんき》さですから、お話になりません。

自民党や一部マスコミから、憲法に緊急事態条項を盛り込む必要性を説く声が上がるのは当然といえます。現状では国民の命を守るためには、ときに法律を犯さなければなりません。それを苦しまぎれに「超法規的措置」と言っているだけです。逆に、憲法という最高法規に緊急事態条項がないまま中途半端に権限集中を許してしまうと、それこそ「立憲主義」に反することになります。

国民を救うための改憲論議が「悪ノリ」なのか

「昭和の参謀」と呼ばれた元大本営陸軍部参謀で元伊藤忠商事会長の瀬島龍三氏から聞いた話ですが、戦前は大地震などの災害に備えて、どこで何が起きたらどこの部隊をどう派遣するか、緻密な計画が練られていたそうです。現在でも内々にシミュレーションはされているのでしょうが、近い将来やってくるであろう東海地震や首都直下地震への備えを、いまこそ国家レベルで共有しておくべきではないでしょうか。

国家存亡の危機にあって最も頼りになるのは、言うまでもなく自衛隊です。にもかかわらず、自衛隊は法制上、「ポジティブリスト＝できること」しか決められていません。対して海外の軍隊は、「ネガティブリスト＝やってはいけないこと」だけを定め、あらゆる状況において臨機応変に対応していくという発想です。一刻も早く、緊急事態条項と自衛隊の憲法明記の両輪で、日本を危機に強い国家に変えていかなくてはなりません。

ところが、横浜港に入港した英国船籍のクルーズ客船、ダイヤモンド・プリンセス号の集団感染が問題になった二〇二〇年二月の初旬、「緊急事態条項」を憲法に盛り込む案を一部の自民党議員や日本維新の会の議員が提案したところ、野党はどんな反応をしたか。立憲民主党の枝野幸男代表と国民民主党の玉木雄一郎代表は、新型コロナウイルスを改憲に結びつけるのは「悪ノリだ」と異口同音に批判しました。なんと、自民党のポスト安倍候補の一人であった石破茂氏まで口を揃えて同調したのです。

ですが、議論すら許さないというのはいかがなものでしょうか。砂に頭を突っ込んで身に迫る危機から目を背《そむ》ける「ダチョウの平和」に安住するのは勝手ですが、国民を道連れにしないでいただきたい。

一九九二年に自衛隊のPKO（国連平和維持活動）法が成立したとき、野党やマスコミは「一度でも自衛隊を派遣してしまうと歯止めが利かなくなる」と自衛隊の海外派遣に猛反対でした。当時、社民連の菅直人氏は質問時間が終わっても壇上から降りようとせず、衛視に引きずり下ろされるまで抵抗を続けたほどです。

ところが菅氏は、民主党政権で自分が首相になったとたん、「PKOで活躍する自衛隊は日本の誇りだ」とみごとな手のひら返しをしてみせました。しかし、そのときまで、首相が自衛隊の最高指揮官であるという認識もなく、首相になって初めて、自分がそういう地位についたことを知ったといいます。なにしろ、首相に就任して自衛隊の折木良一統合幕僚長ら制服組首脳との意見交換会をした時に「改めて法律を調べてみたら『総理大臣は、自衛隊の最高の指揮監督権を有する』と規定されており、そういう自覚を持って、皆さん方のご意見を拝聴し、役目を担っていきたい」と語って唖然とされたエピソードが残っていますから。こういった無知蒙昧な認識不足に基づく、不毛な防衛議論はもはや清算する時ではないでしょうか。

枝野氏は東日本大震災発生時、菅内閣の官房長官として昼夜問わず対応に追われていました。自らの経験をもとに、建設的なコロナ対策を政府に提案することもできたはずです。そうすれば国民の支持も得られたでしょう。ところが、野党の矛先はコロナよりも、安倍首相主催の「桜を見る会」の〝私物化〟問題にばかり向けられていました。民主党政権の鳩山由紀夫内閣当時も、同じ行事は開かれ、党勢拡大に利用されていたにもかかわらずです。

二〇二〇年一月二十九日、政府のチャーター便で武漢から帰国した第一陣のうち二名が検査を拒否して帰宅したという衝撃的な事実が発覚した当日も、参院予算委員会での立憲民主党の蓮舫氏の質疑は「桜を見る会」の追及一辺倒だったのですから、呆れ返るほかありません。これでは有権者の信頼が得られるわけがない。

イギリスの野党のように「影の内閣」を組織して具体的な政策ビジョンを示すなど、できることはいくらでもあるはずです。枝野氏自ら、たびたび「ポスト安倍は枝野だ」と口にしましたが、大臣の発言の言葉尻をとらえて政府の足を引っ張り、内閣の支持率を下げることしか頭にない野党に、国民は政権を任せたいと思うでしょうか。

危機対応より政府の粗探しを優先する野党

WHO（世界保健機関）が新型コロナウイルスによる感染症を「COVID - 19」と命名した翌日の二〇二〇年二月十二日のこと。立憲民主党の辻元清美氏が週刊誌記事を基に官僚の海外出張時のスキャンダルについて追及し、安倍首相に対して「鯛は頭から腐る」などと奇妙な批判を展開する〝質問〟を終えた直後、安倍首相が「意味のない質問だ」とヤジを飛ばしました。これを野党が問題視して予算審議がストップしました。共産党の小池晃書記局長は「史上最悪の発言だ」と批判し、安倍首相が謝罪・撤回しない限り懲罰動議を提出するとゴネましたが、国民が新型肺炎の恐怖に怯《おび》えるなか、野党は果たして辻元議員が「意味のある質問」をしたと本気で思っていたのでしょうか。とるにたりない週刊誌のゴシップを取り上げて、危機対応に迫られている首相の貴重な時間を奪い、無意味な、安倍首相に言わせれば「質問ではなくて、罵詈雑言《ばりぞうごん》の連続」を浴びせた辻元氏のほうがむしろ謝罪すべきではありませんか。

さらにその翌日、日本で新型コロナウイルスによる初の死者が確認された十三日に、やはり立憲民主党の杉尾秀哉氏の発言が問題となりました。社民党の福島瑞穂氏も参加していたある集会でマイクを握り、「ちょっと風邪引いておりまして、咳《せき》が止まらなくてですね、新型コロナじゃないので、ご安心ください……」と笑いながら言った。この不謹慎な挨拶にも、会場からは笑いが起こったそうです。しょせん、その程度の危機意識だった。

やがて新型コロナウイルスの恐怖が誰の目にも明らかになり、四月十六日には安倍首相が全都道府県に緊急事態宣言を出し、十八日には感染者が全国で一万人、死者数は二百人を超えましたが、それでも野党には、政府・国民と一丸になってコロナと闘おうという姿勢がまったく見られませんでした。

五月十一日の参院予算委員会には、政府専門家会議の尾身茂《おみしげる》副座長が参考人として出席しましたが、立憲民主党の福山哲郎幹事長は、質疑の席上、連日コロナ対策に懸命に取り組んでいる民間人である尾身氏に対して、上から目線で罵詈雑言に近い言葉を浴びせかけました。尾身氏が真摯《しんし》に答えている途中で「ちょっと短くしてくださいよ」と注文を付けたり、「全く答えていただけませんでした。残念です」と切り捨てたり、閣僚や官僚に向かってケンカ腰でものを言う、いつもの傲慢な態度そのものでした。まるで「敵（安倍総理）」の〝仲間〟は「敵」だと言わんばかりでした。

ネット上で、尾身氏という実績ある専門家かつ年長者に対してあまりに非礼だと、「専門家への敬意がない」「福山やめろ」などといった抗議が広がったのも当然です。

安倍政権の対応が遅いと批判する声もありますが、果たして鳩山由紀夫政権や菅直人政権だったらどうなっていたか。「日本列島は日本人だけのものではない。コロナウイルスくらいで入国拒否などと言わず、友愛の心で中国人を受け入れましょう」などと発言してもおかしくない。在日外国人に永住権と地方参政権を与えて、みんなで対応策を考えようとさえ言い出しかねません。

そもそも、予算委員会という質疑の場で、一方的かつ独善的な主張をするために首相や厚労大臣を長時間拘束して本来ならばコロナ対応にあてるべき時間を奪ったあげく、政府の対応が遅いと批判する矛盾に気づかないでいる――まさしくバカとしか言いようがありません。

私なりに「バカ」を定義すれば、「バカ」とは、学力や教養がないことではなく、物事の優先順位や事の軽重がわからない人間をいう。いずれにせよ、日本全国に感染が拡大する一方だった二月の時点でもなお、内閣や官僚個人の下半身などのスキャンダルなどの粗探しにしか関心のなかった野党がこの定義に当てはまることは間違いありません。

「われわれは、すべての起こり得る危険に対して備えることはできません。われわれは最も重大なものに力を集中し、他の面では損害を受ける覚悟をしなければなりません」

第二次大戦の直前、ボールドウィン内閣の財務相だったチャーチルは、ナチスドイツの脅威を念頭にこう演説しました。政府はときに些細な過ちを犯すこともあるでしょうが、大局で間違いがなければ評価すべきなのです。まして敵は、人類が初めて闘う未知のウイルスなのですから。

では、新型コロナウイルスという国難に直面した安倍政権はどうだったか。

二月末に安倍首相が小中高の休校を要請すると、ニュース番組やワイドショーは、「友だちと遊べなくなるではないか』『卒業式を中止させるつもりか』『共働き家庭はどうすればいいのか』と〝現場〟の否定的な声ばかりを取り上げて強調し、情緒に訴えました。ところが世論調査では、七割近くが休校要請を支持していた。知事など自治体首長には休校要請を批判する人も少なくありませんでしたが、要請に応じず小学校を休校にしていなかった群馬県太田市では、保育士の感染が見つかって一転、臨時休校措置に切り替えました。結果的に、安倍首相の決断が正解だったのです。

朝日新聞と左派知識人の「反社会的」発言

ワイドショーは当初、韓国を引き合いに出しながらＰＣＲ検査の大規模実施を主張して、「重症化してから検査・治療」という政府方針を非難したり、「感染拡大対策がうまくいっているドイツを見習うべきではないか」などと、諸外国と比較して日本の対策を批判したりしていました。しかし、重症患者、もしくは重症化の疑いがある人たちに限定して検査した日本のやり方はあとから評価されました。対照的に、ダイヤモンド・プリンセス号の一件で寄港を拒否できたのに受け入れた日本に責任を押しつけ、その対応を嘲笑《あざわら》っていたヨーロッパのほうが感染爆発に見舞われ、感染者や死亡者の数が日本を圧倒的に上回ったのはご存じのとおりです。

国内で感染が拡大し、死者が出始めると、野党もさすがに世論を気にしてか、「桜を見る会」の追及から方針転換して、安倍政権の新型コロナウイルス対応に批判の矛先を向けるようになりましたが、その批判は支離滅裂、矛盾だらけでした。

ダイヤモンド・プリンセス号については「対応が遅い」と言いながら、休校要請は「拙速な対応だ」と批判する。いったいどうすれば満足するのか。結局ここでも、なにはともあれ、政府のやることすべてに「反対」するだけの政権批判ありきだったのです。私は二十数年間政治部記者をやっていますが、国会で建設的な議論が戦わされる場面など、残念ながらほとんど見たことがありません。ことに近年の野党はひどい。

中国と韓国からの入国制限について、二重国籍問題が指摘された立憲民主党の蓮舫議員は反対する立場から「実効性も未定」「なぜ中国と韓国なのか」「エビデンスを示してもらいます」とまくしたてました。

これに対してノーベル賞受賞者の山中伸弥教授は、「エビデンスを待っていたらいつまでも対策はできない。人類初の経験で、エビデンスなんかどこにもない。その間、何もしなかったら手遅れになる」とコメントして完膚なきまでに論破しました。

この時期、反安倍に凝り固まったメディアや左派知識人の正体が垣間見える発言が続きます。次々に私はこんな存在だとカミングアウトしていったのです。

朝日新聞編集委員の小滝ちひろ氏はツイッターで「あっという間に世界中を席巻し、戦争でもないのに超大国の大統領が恐れ慄《おのの》く。新コロナウイルスは、ある意味で痛快な存在かもしれない」と投稿しました（二〇二〇年三月十三日）。

「痛快」とはどういう意味でしょうか。死者や患者とその家族、現場で闘っている医療従事者の方々のことをどう考えているのでしょうか。

小滝氏の不謹慎極まりないツイートは案の定ネットで炎上し、朝日新聞は「報道姿勢と相容れない行為だった」と「お詫び」を掲載するハメになりました。しかし、安倍政権を陥れることしか考えていない朝日新聞の報道姿勢が、小滝氏の発言と「相容れない」とはとても思えません。死者が続出し、大勢の患者が苦しんでいる事実よりも、安倍首相やトランプ米大統領が困っている姿をみて、つい「痛快」というホンネが出てしまったのではないでしょうか。人間の命よりも、安倍・トランプ両政権がオタオタしていると印象付けることのほうが朝日にとっては重要なのです。

続いて、朝日新聞アジア総局（バンコク）駐在の吉岡桂子編集委員が「取材のため」と称して、二〇二〇年三月十八日に台湾に入国し、検疫のための隔離生活をＳＮＳ上にアップしましたが、その危機感の欠片《かけら》もなくまるで物見遊山のような内容に批判が殺到、あわてて削除しています。

また、元文部科学事務次官の前川喜平氏は、「新型コロナウイルスは、アベ政権にとって神風だ。『緊急事態』で国民の支持を取り付け、野党の追及を鈍らせ、野党の足並みを乱すことにも成功している。桜を見る会の私物化も、前夜祭の公選法違反疑惑も、東京高検検事長の違法定年延長も、国民の関心の外へ追いやられてしまった」と呟《つぶや》きました（二〇二〇年三月十日）。

世界中で大量の死者を出している新型コロナウイルスを「痛快な存在」「神風」と呼ぶとは、世間をなめているとしか言いようがありません。彼ら、日頃は弱者の味方ぶっている左派・和式リベラルは、本当は苦しんでいる人々に関心などなく、ただ政治的主張に利用しているだけなのです。

安倍首相はこうした一連の朝日や左派の発言を「反社会的だ」と周囲に漏らしました。以前には「左派は人権無視は平気だから」とも述べていましたが、同感です。

リーダーの仕事は灰色の領域に決断を下すこと

左派からの難クセはいつものことですから、安倍首相はビクともしなかった。しかし、今回のコロナ禍をめぐる対応については、これまで安倍首相を支持していた保守派からも、「もっと早く中国人全員をシャットアウトできなかったのか」「これを機に中国と断交しろ」といった批判が起こりました。ワックから出ている百田尚樹氏&江崎道朗氏の『危うい国・日本』でも詳述されています。

こういった保守派の〝強硬論〟はたしかに、あるべき論としては筋が通っています。しかし、直ちに中国との関係を断ってしまうと、機械部品などを手がける中小企業が大打撃を受ける。仕事を失えば自殺者も出かねません。インバウンドの減少によって、飲食店や旅行業などもダメージを受けるでしょう。中国には多数の日本企業が拠点を置き、たくさんの日本人が駐在しており、中国はいざというときは彼らを人質として使うでしょう。安倍首相はあらゆる懸念材料を天秤にかけ世界各国の動向もにらみながら、渡航規制のレベルやタイミングをギリギリまで熟慮して決定したのです。そこには、「外野」にいる我々には計り知れない葛藤《かっとう》があったと推察します。

一国のリーダーたる首相は、にわかには白黒つけがたい問題について、白黒をつける決断を迫られます。個々の利害やしがらみが絡み合っている以上、誰もが百%納得できる決断などありません。ワイドショーでの専門家の発言を聞いてもわかる通り、その見解はさまざまです。正反対の場合もしばしばです。専門家も学閥や利権、自説への固執から無縁ではいられません。

そういった専門家の意見は参考にこそすれ、最適解を見出して最終的に決断するのは政治家なのです。竹下登氏は首相就任が決まったとき、周囲に「五十一対四十九の問題に自分が決着をつけなければならない立場になったなぁ」と責任の重さにため息を漏らしたといいます。

東日本大震災の際には、菅直人政権下で二十にも及ぶ「会議」が乱立しました。「復興」と名のつく組織だけでも「復興構想会議」「復旧・復興検討委員会」「復興実施本部」と三つあり、どの組織が何をやっているのか現場でも把握できず、混乱するばかり。官僚は菅首相の思い付きに振り回され、議事録も残していません。「船頭多くして船《ふね》山に上る」の状況そのものでした。結局、菅氏の自己満足に終わり、彼は関係者周辺に怒鳴り散らすばかりで何も決められなかったのは周知のとおりです。

そんな菅氏が二月の休校要請について、「安倍総理は対応の遅さを批判され、それを気にして急遽準備もなく対策を発表しているように見えます。リーダーとして最悪です」とツイッターで呟きました（二月二十七日）。「お前が言うな」というコメントが殺到したのは言うまでもありません。

ライブハウスなどで集団感染（クラスター）が発生すると、安倍首相はイベントなどの自粛を呼びかけました。春のセンバツ高校野球に続いて、夏の全国高校野球も中止が決まり、各方面に波紋を広げました。無観客試合にすれば大きな問題はなかったはずですが、観客が金を落とさなければ経営がもたない——という主催者（毎日・朝日）の懐事情も影響したのかもしれません。

ただでさえ二〇一九年十月の消費増税で景気が落ち込んでいたところに、過剰な自粛ムードが続けば、経済はガタガタになります。早急かつ大規模な経済対策を打たなければなりません。三月十四日、安倍首相は記者会見で「機動的に必要かつ十分な経済財政政策を間髪を入れずに講じる」と語りました。自民党内からは、消費減税などを求める声も上がりました。もともと「リーマンショック級」の事態があれば消費増税を延期するということになっていましたから、リーマンショック以上のダメージが明らかな以上、消費減税は検討されてしかるべきです。

もちろん、手続きに時間がかかり、国民全体が対象の消費税引き下げよりも、直接的な被害を受けている人々への目先の緊急救済措置が先だとの見方もあるでしょう。そこは総合的な検討と判断が必要になります。

二〇一二年に制定された新型インフル特措法が三月十三日に改正されましたが、これは対象期間が二年以内の時限立法です。もし三年後に新種のウイルスが流行した場合、また法改正の手続きを踏まなければなりません。憲法に緊急事態条項を加える議論がどうしても必要になるのですが、野党やメディアの妨害は目に見えています。日頃は人権を高らかに掲げている西欧諸国が、国境封鎖や外出禁止などの強硬手段に出ていることを思えば、日本の言論界はまだまだ憲法由来の「お花畑」状態にあるといえます。

羹《あつもの》に懲りて膾《なます》を吹く――いまだに七十五年前の「敗戦体験」を引きずり、日本人のみを「危険」扱いにして貶《おとし》めているのが野党とメディアです。一時的に権力を首相もしくは官邸に集中させる緊急事態条項は「独裁につながる」「戦前の復活」「ファシズムの再来」だという彼らの常套句《じょうとうく》は、あまりにも日本人をバカにしているとしか言いようがありません。民主的な手続きで選ばれた、時の首相が正当な手続にのっとって権限を行使することへの不信は、国民への不信と同義だからです。

中国依存は安倍政権の責任ではない

桜の花が咲くころ（二〇二〇年四月ごろ）に国賓として来日予定の習近平に配慮したから入国規制が遅れてしまった、という声も耳にしました。しかし安倍政権からすれば、どうしても習近平に来てほしい理由などありませんでした。国内の新型コロナへの対応に追われる習近平が予定通り来日できないことは中国政府もわかっていました。ただ、中国は自分から延期を言い出すと習執行部はウイルス対策もうまくできず、外遊もできないと批判されてメンツにかかわるから、それはできなかった。日中どちらが先に言うか、水面下で外交チキンレースが展開されていたわけですが、結局、菅官房長官と中国の報道官は同じタイミングで来日延期を発表しました。

当時、安倍首相はこう語っていました。

「こちらから延期や中止をわざわざ言う必要はない。来日の調整をしなければいいだけだから」

中国はウイグルや香港での人権問題で、国際社会から冷ややかな目で見られていたところに新型コロナの隠蔽・拡大が加わり、猛批判を浴びました。共産党内部からの突き上げもあったでしょうから、習近平が苦しい立場に追い込まれていたことは間違いありません。

これは日本にとっては中国に貸しをつくるチャンスでもありました。「中国に貸しをつくったところで見返りはあてにできない」と言われればそのとおりですが、虚々実々、相手の腹を探るのが外交です。日本政府は各国に先駆けて一月末にチャーター機を派遣し、いち早く邦人を帰国させました。これも、表面的とはいえ日中友好を装っていたからこそ優先的に手配してくれたのです。相手がどんなとんでもない国であろうと、利用できるところは利用し、国益増進を図るのが外交でしょう。

第一次安倍政権が、慰安婦問題に関する河野談話を踏襲した際、保守派はこぞって政権批判を展開しました。安倍首相が保守派の理想をすべて実現してくれる――そんな期待を裏切られたと感じたのでしょう。しかし日本の首相は、独裁者ではない。スーパーマンでも、ましてや全知全能の神でもありません。世間の後押しを受け、さらに民主的な手続きを踏まない限り、何もできないのです。

第一次政権時代、保守派からの批判は安倍首相を疲弊させ、政権の力を削ぎ、結果的に左派を喜ばせることになりました。もちろん安倍首相が道を誤れば批判し、正しい道に引き戻す必要があります。とはいえ、現実的・建設的な批判でなければ意味がない。あれこれ注文をつけるのは簡単ですが、長期的な視点から国益を考える必要があります。

電子部品を扱う製造業などに関して、サプライチェーン(部品の調達・供給網)の関係から日本企業の中国への大きな依存が、訪日中止(延期)を決断を下すうえでネックになったことは否めません。安倍首相も生産拠点の国内回帰を後押しする考えを表明していました。サプライチェーンを見直してリスクを分散させよというのは建設的な提言です。しかし、日本の経済界の対中警戒感が薄く、何十年もかけて出来上がった中国依存という現状を、まるで安倍政権の失策のように語るのは的外れと言わざるを得ません。一時期のマスク不足をみれば、日本が生活物資をどれだけ中国に依存してきたかが一目瞭然です。

台湾がいち早くウイルス感染に対応できた理由

新型コロナウイルス克服後の世界情勢は、これまでとは一変すると考えていいでしょう。

感染症パンデミック（世界的大流行）をきっかけに、国際社会では生き馬の目を抜く〝神経戦〟の幕が切って落とされました。ＷＨＯのテドロス事務局長が、中国政府のスポークスマンと化したことはもはや世界周知の事実です。三月十日に習近平が武漢を訪れ「ウイルスは抑え込んだ」と発表したその翌日、タイミングよくＷＨＯがパンデミックを宣言した。見事な連携プレーです。

中国は、必死でパンデミックの罪を他国になすりつけようとしました。共産党系機関紙は、「感染拡大を招いた欧米は反省すべし」「中国共産党の対応に感謝せよ」などと言い出し、中国外務省の報道官に至っては、ツイッターで「新型ウイルスは米軍が武漢に持ち込んだもの」と主張しました。つくづく手段を選ばない国なのだと痛感させられます。露骨すぎて墓穴を掘っていますが。

台湾はいち早く中国本土からの入国制限を決めましたが、コロラド州立大学名誉教授で毒物研究の権威でもあるアンソニー・トゥ（杜祖健）氏によれば、その理由は、蔡英文総統の再選以降、台湾政府は中国からの〝報復〟を警戒していたからです。

一九九七年、台湾では口蹄疫《こうていえき》が流行し、三百八十万頭もの豚が殺処分されました。台湾の畜産業は壊滅し、約七十億ドルの被害を受けたのですが、実はその前年、独立派の李登輝氏が総統選に勝利しています。その報復として、中国が口蹄疫をバラまいた疑いがあり、その伝でいけば、武漢のウイルス研究所から製造過程の生物兵器が漏れた可能性もあるというのがトゥ氏の主張です。トゥ氏によると、中国政府はまず武漢に、医療関係者ではなく人民解放軍の生物兵器担当高官を派遣したそうです。あくまで可能性ではありますが、中国共産党ならやりかねません。

「民主国家」対「中国」の相剋

「今回のコロナ感染拡大で、中国のメッキが剝《は》がれたのは大きい。しかも被害は、自分たちにも及ぶのだと欧州諸国も理解した」

ある外務省幹部がこのように指摘しているように、中国の市場規模と経済力に目がくらんでいた世界の各国は、その危うさを思い知ったはずです。とくに、G7で初めて「一帯一路」構想に加わるなど中国との関係が深いイタリアで、三万五千人以上の死者を出した（二〇二〇年九月上旬現在）感染爆発が起こったのは、偶然のひと言では片づけられません。

イギリスではチャールズ皇太子、そしてボリス・ジョンソン首相が感染して国民を震え上がらせ、スペインやオランダでは、中国製検査キットの不具合や不良品マスクを送りつけられたことで、不満が噴出しました。

世界で死者が一番多く出ているアメリカは「中国を絶対に許さない」と怒り心頭です。三月二十五日にテレビ会議形式で行われたG7外相会合で、ポンペオ米国務長官は中国が嫌がる「武漢ウイルス」の呼称を何度も口にし、中国の隠蔽体質が世界に感染拡大を促したことを強調しました。採用はされませんでしたが、共同声明に「武漢ウイルス」と明記することも主張しました。

習近平はこれを受けて、翌日の二十カ国・地域（G20）首脳によるテレビ会議で世界のリーダー然としてふるまい、汚名をすすぐ意図もあったのでしょうが「感染が拡大する国にできるだけの援助を行いたい」と申し出ています。これに対しても、ポンペオ氏は「中国は正義の味方気取りだ」と手厳しかった。フロリダ州とテキサス州ではコロナウイルスの被害に対して、中国政府に計数十兆ドルの損害賠償を請求する集団訴訟を起こしました。

その後もコロナウイルスをめぐる米中間の激しい応酬は続きます。トランプ大統領は中国が支配するＷＴＯからの脱退を決め、さらに香港の自治を踏みにじる「香港国家安全維持法」に対して七月十四日に「香港自治法」を成立させ、中国に制裁を課しました。中国もこれに報復を表明し、米中対立はエスカレートする一方です。米政府が、スパイ活動の拠点になっているからという理由でテキサス州ヒューストンの中国総領事館の閉鎖を求めると、中国は対抗措置として四川省成都にある米総領事館を閉鎖することにしました。

七月二十三日には、ポンペオ氏は、ニクソンライブラリーで演説し、習近平を、マルクス・レーニン主義という「破綻した全体主義を未だに信奉する独裁者」と名指しで批判し、中国共産党政権との妥協や共存が、このままでは有り得ない事を強調しました。

一方、中国は、コロナ発生源調査を強く求めたオーストラリアに輸出制限などの制裁措置を取り、強圧的な言動で欧州各国の怒りを買い、インドとは国境近くの渓谷で軍事衝突を起こすなど、いまや米中対立を超えて「民主国家」対「中国」の様相を呈しつつあります。

他方、日本はというと、大変心もとない。サプライチェーンを過度に中国に依存してきた経団連から中小企業に至るまで、欧米の状況は決して対岸の火事ではないにもかかわらず、日本企業はどこか他人事のように見ているような気がします。

そこで安倍首相は一つの国への生産依存度が高い製品については、生産拠点の国内回帰を後押しする考えを表明しました。「一つの国」とは、要するに「中国」のことです。一時のマスク不足にしても、中国に工場を置いている企業が多いために国内供給が滞ったせいで起こったのです。

以前から「チャイナリスク」が指摘されながら、中国に一極集中している企業が日本にはたくさん存在します。サプライチェーンを中国から移転できていない企業も多く、そのことが今後、「脱中国」の足を引っ張ることになりかねません。

サントリーホールディングスの新浪剛史《にいなみたけし》社長は、朝日新聞のインタビューで「モノの生産を中国に頼りすぎていたと、強く感じる。国内でも安くつくれるよう、大企業ももっと勉強をして、やる気があり、技術を持つ中小企業を支援する」と答えています（二〇二〇年四月七日付）。このような意識を持った企業がどんどん増えていくことが日本の未来につながると言っても過言ではありません。

ワイドショーでバカのクラスター発生

危機に直面すると、人の本性が表れます。

驚いたのは、コロナ禍による休業などで生活が困難になった人々が、四月十二日、渋谷でデモを決行し、安倍首相、麻生太郎財務相の私邸などを中心に、「国民全員に現金給付を」「金を出せ！」と声を上げ、住宅街を練り歩いたことです。外出自粛要請のさなか、さらなる感染拡大を招きかねないこんなデモを敢行するとは、まさに「左翼老人」の暴走でしかない。ネット上では彼らの行いを「バカのクラスター（感染拡大）」と評する声もありました。まさに言い得て妙です。

もっとも悲惨な「バカ」が、テレビの報道番組です。とくにワイドショーはひどい。たとえば、昭恵首相夫人が、「自粛要請さなかの三月下旬、花見に興じている写真をS

NS上に投稿した」と騒ぎ始めたことがありました。ご存じのとおり、昭恵夫人バッシングは安倍政権批判に飢えたワイドショーの大好物です。

業を煮やしたニュースキャスターの辛坊《しんぼう》治郎《じろう》氏は三月三十日、あるワイドショーに出演した際、「三月下旬って（正確には）いつのことだよ。テレビ局として確認しろ！　一緒に写ってる芸能人に聞けばすぐにわかることじゃないか。こんなことやってたらこの番組、数字伸びないですよ」と怒りのコメントを発していました。実に的確な指摘です。

昭恵夫人はレストランで会食後、そのレストランの庭で記念写真を撮ったにすぎません。メディアは率先して嫌がらせやいじめを行ってきました。

かくも、安倍政権を叩ける材料だと思えば、裏も取らずに大々的に取り上げて責め立てる。そして後に間違いだったと判明しても決して訂正も、ましてや謝罪もしない。

このようにワイドショーでは何事も針小棒大化して、過剰に煽り、政府の補助金対象の中身などについても誤って報じています。それに便乗してネットニュースでも間違った情報が散見される。テレビが垂れ流す一方的で不正確な情報を、コロナ自粛で家に閉じこもった人々が信じ、安倍政権に不満をため込むという構図がありました。

見るに見かねたのか、厚労省は四月十二日、公式ツイッターを通じて「ヤフーニュースなど、インターネットニュースサイトで、『補償なき休業要請』との報道があり、外出自粛や出勤者の最低7割減（の実現）は、休業補償がないと不可能だと報じられていますが、正確ではありません」と投稿しています。ワイドショーはドイツでは、ニューヨークではと「出羽の守」になり、それに比べて日本政府はダメだと断じてきました。ですが、月刊『W・i・L・L』8月号で在英国のジャーナリスト、谷本真由美さんは欧州では、日本企業の雇用維持、全国民一律十万円給付などに羨望の眼差しが向けられていると報告しています。

ワイドショーは根っから視聴者をバカにしているのか、コロナの現状や政府の対応について、医療の専門家ではない人を識者として登場させて訳知り顔に批判させたり、まるっきり素人のコメンテーターに好き勝手なことを語らせたり、不安や恐怖を過剰に煽るばかりで発言内容が怪しい人物を都合がいいからと起用し続ける始末です。この人はコロナバブルの恩恵を受け、芸能事務所と契約しました。こういった状況に危機感を覚えた神奈川県医師会は「緊急メッセージ～新型コロナウイルスとの戦い～」と題し、新型コロナウイルスの説明動画を公開しました。

さらに安倍政権批判を繰り返していた「報道ステーション」（テレビ朝日）のメイン

キャスター、富川悠太《とみかわゆうた》アナウンサーは緊急事態宣言後も体調不良のまま出社を続け、結果、陽性であることが判明して番組を休むことになりました。富川アナはコロナ感染の状況を連日報じ、自宅待機を呼びかけていた張本人ですから、批判が集まったのもやむを得ません。

野党や朝日より良識的な著名人のコメント

ストレスと不安からか安倍政権批判をヒステリックに叫ぶ人が増える一方で、各界の著名人の間では、冷静なコメントを発信する人たちも増えていきました。

たとえば、メジャーリーガーのダルビッシュ有選手は「やっぱり首相の立場からでないと見えない景色ってあると思うんですよ。『こうして欲しいな』はあっても、『俺だったらこうする』は、なんか居酒屋でプロ野球中継の配球に文句言うみたいで嫌なんですよね」（四月五日）とツイートしました。さすがは一流のプロの言葉です。おそらくダルビッシュ選手も日頃、素人からいいかげんな論評や批判を受けることに、げんなりしていたのでしょう。

ほかにも音楽家の山下達郎氏は、四月十二日、自身がパーソナリティーを務めるTOKYO FM「サンデー・ソングブック」に出演し、「私は政治的な言説にあまり深く立ち入らないように努めているのですが、今一番必要なのは政治的利害を乗り超えた団結ではないかと思います。今、政治的対立を一時休戦して、いかにこのウイルスと戦うかを日本中の、世界中のみんなで助け合って考えなければならないときです。何でも反対、何でも批判の政治的プロパガンダはお休みにしませんか？　責任追及や糾弾はこのウイルスが終息してからいくらでもすればいいと思います」と訴え、大きな反響を呼びました。そのとおり。今は他者をいたずらに攻撃することではなく、団結こそが求められているのです。

同じく音楽家のGACKT氏も四月九日、テレビ番組に出演した際、「（政府の）布マスク（配布）について議論されていますけど、（政府は）他にもいろんなことをいっぱいやっているんですよ。どれくらいの意味があるとか、意味がないとか議論はあると思うんですけど、僕からするとリーダーを選んでいるのは僕ら自身だよって話じゃないですか。リーダーに従って、生きていかなければいけない社会だと思う。こういうことがあって、リーダーを責める。そもそもリーダーを選ぶ意識の低さ、危機感の足らなさじゃないですか」と正論を述べています。

政府の対応について不満もあれば、「それは違う」と思うこともあるでしょう。ですが、みんな暗中模索、試行錯誤の状況なのですから、それぞれがそれぞれの立場でできることから始めていくのが先決です。政治的な足の引っ張り合いが不毛であることを、わかっている人はわかっています。

一方で、女優の小柳ルミ子氏は、緊急事態宣言後の安倍首相の記者会見を受けて、自身のブログで「正直言って喋りが下手だなとも思った。一国のリーダーですよ！『この人について行こう』『この人なら信頼出来る』それがリーダーじゃないでしょうか」と批判しました。だったらリーダーはアナウンサーから選べばベストだということになります。このコメントに対して「一所懸命やってる人間に対して『喋りが下手』って何様なのか」などと健全な反応も同時に起こっています。

第二次感染を騒ぎ立てる小池都知事のスタンドプレー

批判が目的化したような何にでも噛みつく内容のツイッターを繰り返す蓮舫議員は、

安倍首相が憲法に緊急事態条項を盛り込むかどうか、活発な議論を望むと発言したことに対して、「政治が行う、今最大の目的はコロナウイルス感染症の収束に向けたあらゆる手段です。国民の命を守ることです。改憲議論への期待を口にするリーダーに、それは違うとなぜ、自民党から声が出ないのでしょう」(四月八日)とツイートしました。どう見ても難癖でしかありません。

笑い話ですが、蓮舫氏はツイッターに「感染拡大のための協力は惜しみません」とあげたことがあります。「感染拡大防止のための協力は惜しみません」と言いたかったのでしょうが、すぐに削除されたものの、「やっぱりそうか、蓮舫の正体見たり」という声が上がりました。

安倍首相が二月末に全国の小中高校などに休校要請のときも「こんなめちゃめちゃなリーダーシップはない。すぐ撤回すべきだ」と蓮舫氏はさんざん騒ぎ立てました。ですが、あの時点で休校要請をしたことは、結果的に大正解でした。小中高生への感染拡大を防止できたこともそうですが、ディズニーランドやUSJなどの大きなテーマパークが同時に休園を決めたことも大きかった。もし開園を続けていたら、そこを拠点にして大規模なクラスターが発生していたに違いありません。小中高校が休校になったことで、暇になった児童や生徒らが殺到するかもしれないと、テーマパーク側は賢明な判断を下すことができたのです。

民主党時代、〝リーダーシップ〟の意味を勘違いして的外れな事業仕分けで暴走していたのは一体誰だったのか――と改めて問いたくなります。

もう一人、小池百合子都知事のスタンドプレーも目に余るものがあります。政府に確認もせず、勝手に「ロックダウン（都市封鎖）」の可能性を訴え始めました。現状の日本の法律ではロックダウンはできません。小池都知事の唐突な発言に官邸は面食らったことでしょう。

ところが、ワイドショーを始め、メディアはこぞって小池発言を取り上げて、まるでロックダウンが法律上可能であるかのように報じたのです。この報道によって、不必要な買い占め、買いだめが起こった事実は否めません。

官邸側は日本国民をいたずらに混乱に陥れることを避け、緊急事態宣言の発令の時期を遅らせるはめになりました。休業対象の業種についても都と政府で折り合いが難航していたことを、まるで政府が悪者のように報道されていますが、そもそも小池都知事が先走りしすぎていたのです。小池都知事は「（知事の）権限は、代表取締役社長かなと思っていたら〝天の声〟が色々聞こえまして、中間管理職になったような感じ」とぼやいていましたが、ぼやきたいのは官邸側のほうだったでしょう。発信力はあっても中身が伴わない政治家の代表のような人です。

小池都知事は七月の都知事選での再選を睨《にら》み、コロナ対策を利用して点数稼ぎをしたかったのでしょうか。小池都知事の意図を知ってか知らずか、それに乗じたマスコミ、特にワイドショーは責任を感じる様子さえありません。また、小池都知事が、自民党の二階俊博幹事長の要請もあって、都が保有していた医療マスクや医療器具をコロナ初期の段階で中国に早々と支援物資として提供した事実についても責任追及をしませんでした。そんなことをしたために、東京では医療資材が一時不足して大変になったにもかかわらずです。

そのくせ、メディアは重箱の隅をつついて何かと言えば安倍政権の対応を失敗と決めつけます。東京都が陽性反応者が増えているときに陽性者滞在用のホテルとの契約を解除したり、沖縄県が政府の度重なる要請にもかかわらずホテル確保を怠ったりした地方自治体の失策も、政府のミスにすり替えるのです。しかし、客観的かつ冷静に判断すれば、感染封じ込めに一定の成功を収めていると言えるのではないでしょうか。何よりも重要なのは、世界に比べて日本の死者数の圧倒的な少なさです（九月上旬で千三百人台）。感染者が増えてきた、もはや第二次感染だと大騒ぎをするようになった七月以降も、幸いにも重傷者数や死者は少ないまま推移しています。死者ゼロという日も多い。奇跡と言っても過言ではありません。

マスコミは、ファシスト的な煽動をしていないか？

疫病にせよ自然災害にせよ、予想外の事態に一〇〇％対応することなど、神でもない限り不可能です。安倍首相も記者会見で「長期戦を覚悟する必要がある」と言っていましたが、その中で、できるところから経済活動を再開させ、国民の生活と雇用を守っていく段階に入っています。

もちろん、死者数が大幅に増加したり、若者の重症化例が増えたりする形での二次感染、三次感染が発生したら、再び自粛要請や、緊急事態宣言を発令するといった覚悟と構えが重要です。ＷＨＯ（世界保健機関）緊急事態プログラム局のマイク・ライアン局長は「新型コロナウイルスはＨＩＶ（ヒト免疫不全ウイルス）と同様に消滅せず、長期的な問題に発展する可能性がある」と指摘しています。政府の専門家会議からも「日本はうまく感染のピークの山をなだらかに後ろ倒しにしたが、今後、また小さな山が来る」という見解も示されている。これらの事実を考えれば、現時点で「対策は百点ではない」「根絶できていないじゃないか」と批判したところで意味がありません。

二〇一一年、東日本大震災の大津波によって福島第一原発事故が発生したとき、多くの人々は見えない放射能に対して過度の恐怖症に陥ってヒステリックになり、原発周辺で生活していた人たちや、電力会社の職員や家族に対して、不当なイジメや差別も起きました。

今回のコロナ禍でも、医療関係者の家族にいわれのない中傷を浴びせたり、国や自治体に補償など過度な要求を突き付けたりする人々がいます。こういった行為に対しては、メディアが厳に戒める役割を担っているはずなのに、むしろワイドショーをはじめとして国民感情を煽っているのではないか。これこそ、ファシストというか、ポピュリスト的な煽動であり、マスコミの一部は、この点、自らが猛省すべきではないでしょうか。

自衛隊中央病院の完璧な対応

各都道府県知事は、「緊急事態宣言をまた発してほしい」「県をまたいだ移動はまだ困る」「お盆には帰省しないでほしい」と口にしました。ところが、ある政府高官は「彼らは本音を言わない」と言っています。つまり、本音とタテマエが違うということです。「Ｇｏ Ｔｏ」トラベルキャンペーンに際しても、できるだけ県をまたいだ移動をしないように求めつつ、陰で政府には「このままでは地方の観光産業は終わってしまう」と訴える知事もいるそうです。政府高官は「自分で責任を取りたくないのだろう」と知事たちの身勝手さを語っていました。

普段は「地方自治を重視せよ」「もっと自治権と予算を寄こせ」と言っているにもかかわらず、責任を伴う場面においては腰が引けて、国におんぶにだっこでは虫がよすぎる。そもそも緊急事態宣言は知事に権限を付与するものです。無責任な知事ばかりとは言いませんが、残念な傾向が見られるのも確かです。

国に責任を委譲し、首相にすべてを決断させたいのなら、憲法改正をして緊急事態条項を盛り込まなければ不可能です。なのに、なぜ憲法改正に言及しないのでしょうか。この期に及んで、新型インフルエンザ特措法の再改正で済ませようという意見が出ていますが、いかにも弥縫《びほう》的です。

憲法改正問題に付随して忘れてならないのは、今回も、自衛隊の活躍には目覚ましいものがあったことです。二月、横浜港に入港したダイヤモンド・プリンセス号から多数の感染者が出ましたが、そのうちの百二十八人を自衛隊中央病院が受け入れました。自衛隊は活動中、一人の感染者も出さず、最終的に全員がぶじ退院し、重症患者は一人も出なかった。病院関係者も無傷無感染でした。当然、院内感染も発生しませんでした。自衛隊内で感染症対策や防御態勢がきちんと準備されていたからこそ、完璧な対応ができたのです。

中国人観光客をシャットアウトするなと一月の段階で主張していた朝日新聞論説委員室から、感染者が出たのと対比することもできるかもしれません。

このこと一つとっても、自衛隊の存在を憲法で規定し、緊急時にもっと自由に活動できる権限と役割を明確に与えるべきだと言えるでしょう。そうすれば、今後のさまざまな支援活動や災害救助活動においても、自衛隊はずっと動きやすくなります。

さらに、コロナ禍に乗じて、中国が尖閣諸島周辺で挑発行為を繰り返しています。日本国民の意思で自衛隊により大きな権限を与えたとなれば、中国もうっかり手出しはできなくなるはずです。

ちなみに、自衛隊中央病院に入院したドイツ人夫妻（ペーター・ヤンセンさん&メリー・オニールさん）は、病院の適切な対応に感銘を受け、湯浅悟郎陸上幕僚長宛てに感謝の手紙を送り、コメントも残しています。こんな内容でした。

「私たちの治療にあたってくれた全ての日本の関係者に心からの感謝を申し上げます。特に自衛隊中央病院の呼吸器科部長で医官の小寺力一等陸佐が指揮する医療チームには感謝しております。小寺医官のプロ意識と親身な対応は決して忘れません。自衛隊中央病院で治療を受けることができたのは、幸運でした」

「医官も看護官も説明を尽くしてくれたので、落ち着いて過ごせました。非常に専門的でプロフェッショナルな仕事ぶりでした。医官がいてくれたことが最大の幸運でした。英語も上手で、非常に丁寧に説明を尽くしてくれました。医師としての能力、人としての魅力が、チームに反映されていました。とてもいい雰囲気でした」

そしてワイドショーなどではいろいろと批判を受けた「船内閉じ込め」などに関して

も、ペーターさんは、こう語っています。

「感染力が高い病気だと言うことは理解していました。武漢で何が起きているか、知っていましたから。奇妙に聞こえるかも知れませんが、船にとどまるように日本政府が決めて、よかったという感情もあったんです。もし、全員が下船し、世界中に飛行機で帰国していたら、どれほど世界中に感染が広がっていたことでしょうか。船にとどまることが正しい判断だったのです」

暗いニュースが多い中、こういった明るい話題をメディアはもっと取り上げるべきなのに、無視を決め込んでいるのは不可解としか言いようがありません。

政治家は歴史の法廷においてのみ評価される

現状の憲法では、政府や地方自治体は自粛を「要請」レベルでしか行えません。現状に不満や不安を覚えている人たちは当然、「だったら憲法を改正し、強制権を持たせるべきだ」と考えるでしょう。しかし、前述のように立憲民主党の枝野幸男代表、国民民主党の玉木雄一郎代表、それに自民党の石破茂氏など、危機に当たっての改憲論議に反対する勢力がそれを阻んでいます。

やっと開かれた今国会（令和二年二〇一回通常国会）の憲法審査会でも、野党の欠席によって、結局、国民投票法改正案の成立は見送られました。駒沢大学の西修名誉教授（比較憲法学）は著書『憲法9条を正しく知ろう』（海竜社）で、衆参両院に設置された憲法審査会に費やされた予算がまったく生かされていないと嘆いています。さらに「仕事の機会が与えられない衆参事務局の人件費だけで、これまで十六億二千万円かかっている」とも指摘。日本維新の会の馬場伸幸幹事長が二〇二〇年一月の衆院予算委員会で行った次の質問も西氏は紹介しています。

「全然、議論しない。仕事をしないのに海外視察だけ行っている。一人二百万円もの大金を使って。私からいえば慰安旅行ですよ、これ」

視察しても審議はしないのですから、結果は反映させようがありません。医療現場は疲弊し、中小零細企業では人件費が捻出できないという苦境の中、国会は何をしていたのか。十六億二千万円もの大金を平気でドブに捨てている議員のセンセイたちがしていることと言えば、「桜を見る会」に五千万円もかけたのは怪しからんと目を吊り上げてみせるだけ。まさに「偽善」の一言に尽きます。有権者はこの状況にウンザリしたのではないでしょうか。その証拠に、野党の支持率は全然上昇していません。にもかかわらず、磁気治療器の預託商法などによる詐欺事件で逮捕されたジャパンライフの元会長が、安倍首相主催の「桜を見る会」の招待状を宣伝に利用していたとまた騒いでいます。元会長は、鳩山由紀夫首相時代にも「桜を見る会」に招待されているのですから、これもブーメランです。ほかにやることはないのでしょうか。

新藤義孝氏（自民党）が言うように、コロナの感染拡大で議員の間に感染者や濃厚接触者が広がれば、あっという間に国会は停止する。これまで憲法改正論議に消極姿勢だった公明党の北側一雄憲法調査会長も、四月九日、「感染症の拡大がどう展開していくかわからない。（緊急事態に関する）憲法上の規定を議論するのはとても大事だ」と明言しました。ところが、立憲民主党をはじめとした野党の多くは「不要とは言わないが不急だ」と言葉遊びではぐらかす始末です。野党は国民に対する配慮もなければ危機意識すらないと言わざるを得ません。

未曾有《みぞう》の状況下にあって、安倍政権も試行錯誤を繰り返しました。また、それゆえに細部にまで目が行き届かず、ミスしたこともあったでしょう。それを同時進行や後知恵で責め立てたところで、事態が好転するわけではありません。

人々は不安にかられると、荒唐無稽《こうとうむけい》でも景気のいいことを叫ぶアジテーター（扇動者）に惹かれ、支持しがちです。アジテーターのほうもそれを分かっていて利用する。

安倍首相が自宅で年老いた愛犬を抱いてくつろぐ姿を、音楽家の星野源氏とのコラボ動画としてツイートしたことに「不謹慎だ」と批判が集まったこともありました。政治家の戦術として問題があると指摘した人もいますが、もっと素直に見るべきではありませんか。誰だって多少の息抜きは必要です。激務をこなしていた安倍首相が完治することはない潰瘍性《かいようせい》大腸炎という難病指定の重大疾患を抱えていることを忘れてはいけません。コロナに感染すれば重篤化するリスクが高い中で、陣頭指揮を執っていることに目を向けてもらいたい。万が一、安倍首相が執務中に病に倒れたら、政府の機能は完全に停止します。それこそ日本存亡の危機でした。その危機を自ら予測しての今回の辞任だったわけです。

当初、「アベノマスク」と批判が集まった布マスク二枚の全世帯配布はそもそも、使い捨てマスクを優先的に医療従事者へ供給するための案でした。実際に医療従事者からの評判はよかった。私の家人は「今マスク二枚配布について文句をつけている人たちは、マスクを持っている人たちだよ。持ってなかったら、きっと感謝する」と言っていました。本当にマスクに困っている人にとっては二枚でも嬉しかったはずです。

その証拠に産経新聞の「産経抄」が「布製マスク1億枚を購入し、全世帯に2枚ずつ配布するという、政府の発表には耳を疑った」(四月三日付)と批判したところ、産経新聞本社に数多くの抗議電話やメールが殺到しました。ほかにも、マスク二枚の配布が安倍政権の経済対策だと思い込んで「しょぼすぎる」と反発する人たちもいました。そんなわけがあるはずない。こういうときだからこそ、批判するにしても冷静に、客観的にするべきです。

朝日新聞はマスク二枚の配布について、「感染を防ぐ効果がほとんど期待できない布製マスク」とか「『アベノマスク』海外でも報道 マスク配布に『冗談か』」「WHOは、新型コロナ感染拡大期における布マスク使用について『いかなる状況においても勧めない』と助言している」とか記事で一方的に揶揄しながら、自社のオンラインショップで布マスク二枚を三千三百円という高価でしれっと販売していました(現在は購入できず)。実にみっともない醜い行為で、吐き気を覚えるほどです。まさに朝日新聞の在り方を象徴するような出来事ではありませんか。

今は「非常時」です。安倍首相が日本の現状を俯瞰的な視点で分析し、世界の首脳らと話し合い、専門家らの分析を踏まえて下した決断を、一方的に断罪するのはいかがなものでしょう。菅義偉新政権もコロナ対策では試行錯誤を繰り返していくでしょうが、新型コロナを通して噴出した日本のウミを出し切って、コロナ終息後には生まれ変わった「新生日本」として東京五輪を快く迎えたいものです。

「政治家の人生は、その成し得た結果を歴史という法廷において裁かれることでのみ評価される」

これは中曽根康弘元首相の言葉です。安倍首相には目先の評価など気にせず、「強い日本」づくりに、残された任期を目一杯使って邁進してほしかった。

第二章

朝鮮半島との闘い

犯罪国家と反日国家

横田滋さんの死と遺族の記者会見

拉致被害者、横田めぐみさんの父・滋さんが二〇二〇年六月五日に亡くなり、妻・早紀江さんら遺族が記者会見を開きました（同九日）。享年87。ご家族が心底から発する言葉に、私は心を揺さぶられ、涙がこみ上げてきました。このまま拉致問題の傍観者でいいのか——改めて自問した人も多かったのではないでしょうか。

めぐみさんの弟・拓也さんは、「マスコミもイデオロギーに関係なく、この問題を我がこととしてもっと取り上げてほしい」と訴えました。北朝鮮による国家犯罪を、主義主張という色眼鏡で見るなという当然の主張です。しかし、残念ながら日本のメディアはそうではなかった。イデオロギーや誤った贖罪《しょくざい》史観に縛られて北朝鮮の肩を持ち、拉致問題解決を遠ざけたマスコミの責任は重いと言わざるを得ません。

産経新聞は一九八〇年の「アベック三組ナゾの蒸発 外国情報機関が関与？」という記事を皮切りに、いち早く北朝鮮の拉致関与を疑ってきました。その一方で、他の新聞社・テレビ局はダンマリを決め込んでいたのです。

かつて日本の社会では、北朝鮮批判はタブーに等しかった。一つの例として、国名の表記が挙げられます。産経新聞が開き直って「北朝鮮」と書き始める前まで、各紙は揃って「朝鮮民主主義人民共和国（北朝鮮）」と表記していました。「北朝鮮」と省略表記にすると、朝鮮総連から抗議が来るからです。北朝鮮を批判的に報じてきた産経新聞の社屋に、朝鮮総連の人たちが押し寄せることもありました。

北朝鮮の肩を持ってきたマスコミの代表が朝日新聞です。彼らは、拉致被害者のことを「密出国者」「行方不明者」と表記し、金王朝をかばい続けました。社説で拉致問題を「日朝国交正常化の障害」（一九九九年八月三十一日付）と言ってのけ、家族会が抗議したこともあります。滋さんはこの社説を読んで、長年、慣習的に読んでいた朝日新聞の購読をやめたそうです。

それどころか、国民の目を拉致問題から逸《そ》らせるかのように、旧日本軍が朝鮮半島から若い女性を強制連行して性奴隷（いわゆる従軍慰安婦）にしたという虚偽の慰安婦キャンペーンを一九九〇年前後から長年展開していました。吉田清治なる自称・元山口県労務報国会下関支部動員部長の虚偽まみれの「慰安婦狩り証言」を良心の声として称え続け、それへの疑問が提示されても無視し続けたものの、遂には誤報虚報であったことを認めることになりました。二〇一四年八月五日付紙面にて、その吉田関連の一連の記事を取り消すことになったのはまだ記憶に新しいことでしょう。

めぐみさん拉致実行犯の助命を嘆願した社会党と菅直人

社会党（社民党）の政治家たちも、拉致問題解決をやたら妨害してきました。

二〇〇二年に帰国を果たした地村保志さんの父親・保《たもつ》さん（二〇二〇年七月十日逝去）は、社会党党首だった土井たか子氏に「拉致などない」と言われたことを証言しています。社会党議員は、拉致被害者の家族から拉致問題解明の請願や陳情を受けると、その情報を北朝鮮に知らせていたとも囁《ささや》かれている。朝鮮総連関係施設が捜索されると、ただちに社会党議員が警察庁を抗議に訪れていました。

今回、社民党の福島瑞穂参院議員はツイッターで、「滋さんが生きていらっしゃる間に拉致問題が解決せずに申し訳ありません。心からお悔やみを申し上げます」と呟《つぶや》いていました。いったいどの口で言うのか。騙《だま》されてはなりません。

というのも、社民党は、北朝鮮が拉致の事実を認めた後も、機関誌『月刊社会民主』（一九九七年七月号）の「拉致は創作された物語」という趣旨の論文を、ホームページに掲載していたからです。この機関誌は、拉致問題は産経新聞と公安のでっち上げだと主張していました。

一九八九年には、社会党が中心となって、韓国の政治犯の助命と釈放を求める嘆願書を韓国政府に提出したことがあります。その中には、大阪在住の原敕晁《ただあき》さんを拉致し、拉致被害者の曽我ひとみさんに自分が横田めぐみさんを拉致した実行犯だと述べている辛光洙《シングワンス》元死刑囚をはじめとする北朝鮮スパイも複数含まれていました。驚くべきは、後に首相の座に就いた村山富市氏と菅《かん》直人氏（当時社民連）も、これに署名していたことです。安倍首相は官房副長官時代に国会で菅氏らを名指しして「極めて間抜けな政治家」と批判しました。日本ではそんな政治家が国政のトップリーダーになれるのです。

菅氏は首相時代、拉致被害者家族との懇談会で、「万が一の時に北朝鮮におられる拉致被害者をいかに救出できるか。準備というか、心構えというか、いろいろと考えておかなければいけない」『救出に直接、自衛隊が出ていって、向こうの国の中を通って行動できるか」と、北朝鮮への自衛隊の出動をほのめかしたことがあります。しかし案の定、周囲にはその直後に「オレが本気でそんなことを考えていると思うか？」と漏らしていたそうです。「言うだけ番長」の元祖だったのです。

小泉政権の福田康夫官房長官は人間失格だ

今の野党の前身である左派勢力が拉致問題解決を阻んでいた一方、政府や自民党も決して問題解決に積極的ではありませんでした。

一九九九年、外務省アジア局長に内定していた槙田邦彦《まきたくにひこ》氏が、「たった十人のことで日朝正常化交渉が止まっていいのか。拉致にこだわり、国交正常化が上手く行かないのは国益に反する」と発言したことがあります。私が別の外務省幹部に取材したところ、「河野洋平外相（当時）が日頃から話していることを代弁しているにすぎません」と言われました。前述した朝日新聞の社説の論調に似ていますが、当時の外務省も自民党幹部もしょせん、朝日新聞と似たような認識、同じ穴のムジナだったのです。

拉致被害者の一部帰国を実現した小泉純一郎政権時代にも、「拉致はもういいだろう。テレビで扱っても視聴率は取れないよ」と平気で言ってのける自民党の大物議員がいました。

小泉訪朝時、官房長官を務めていた福田康夫元首相も、拉致問題に消極的な政治家でした。拉致被害者の有本恵子さんについて記者に尋ねられ、「（拉致実行犯は日本人だから）北朝鮮の拉致事件ではない」と言ったことがあります。確かに、有本さんを拉致したのは赤軍派「よど号グループ」メンバーの妻、八尾恵《めぐみ》ですが、主体《チュチェ》思想を信奉していた彼らは当然、北朝鮮と一体となって動いていた。その指示を受けての拉致でしたが、福田氏は詭弁を弄《ろう》してまで北朝鮮をかばおうとしたのです。

小泉訪朝時、北朝鮮の死亡通告を真に受けて、何の検証もすることなく、福田官房長官（当時）は拉致被害者家族を呼び出し、「あなたの子供は亡くなっています」云々と、被害者の安否について北朝鮮の発表をそのまま伝えました。他の生存が確認された家族の方が「何だ、その言い方は！」と怒ると、「あなたの子供は生きてるんだから、いいじゃないですか」と言い放った。政治家以前に、人間として失格です。

安倍首相と拉致被害者家族を侮辱するジャーナリスト

横田拓也さんの双子の弟、哲也さんは前述の記者会見で、父である滋さんの死を利用するメディアやジャーナリストの無責任な安倍首相批判についても言及しました。「（安倍首相は）北朝鮮問題が一丁目一番地と考えていたのに、何も動いていないじゃないかというような発言を耳にする」と前置きしたうえで哲也さんは、これらの言動について、こう反論したのです。

「安倍総理・安倍政権が問題なのではなくて、四十年以上も何もしてこなかった政治家や『北朝鮮が拉致なんかするはずないでしょ』と言ってきたメディアがあったから、ここまで安倍総理・安倍政権が苦しんでいる」

落ち着いた口調ながら、何もしてこなかった人たちの無責任な罵倒に、憤懣《ふんまん》やるかたない思いが滲《にじ》んでいました。名指しこそ避けていたものの、哲也さんのこの発言がジャーナリストの青木理氏に向けて釘を刺したものであることは明らかです。TBSの某番組に出演した青木氏は安倍政権をこう揶揄《やゆ》していました。

「拉致問題が、今の安倍政権のある意味、一丁目一番地。（拉致問題が）安倍さんが一気に政界の階段を駆け上がるきっかけになった。（それなのに）『何の結果も残せないんじゃないか』というようなことを言う人もいる」

毎日新聞専門編集委員の牧太郎氏も、「安倍晋三は『横田めぐみ一家』を騙し、徹底的に『政治利用』しただけ。『拉致』を利用して総理大臣になっただけだった」と、いっさい根拠を示さずブログに書いていました。

滋さんの死を安倍首相批判に利用するその態度には、まさに「お前が言うな」と言いたくなります。安倍首相への誹謗中傷《ひぼうちゅうしょう》であるだけでなく、長年にわたり安倍首相とともに拉致問題解決に懸命に働いてきた拉致被害者家族に対する侮辱以外の何物でもありません。拉致被害者を救う会の西岡力会長から「本当に家族と一緒に戦ってきた政治家は、安倍首相と故中川昭一元財務相だ」と聞いたことがあります。

「これからも安倍総理とともに闘う」

二〇〇二年九月十七日、小泉首相（当時）との初会談で、北朝鮮の金正日総書記が拉致の事実を認め、日本人はようやく北朝鮮の悪事を知ることになりました。しかし、あまりにも時間がかかりすぎた。先述した慰安婦問題や強制連行等々の誤った歴史認識に基づく朝鮮半島への贖罪意識からか、それとも無関心のせいなのか、日本人はそれまでずっと拉致被害者家族に冷たく接してきたのです。

一九九七年、横田滋さんは家族会を結成し、代表に就任しました。それ以来、早紀江さんとともに全国を回り、救出のための署名活動や講演を重ねてきました。めぐみさんを取り返すために立ち上がった横田家の苦労は、想像を絶するものだったでしょう。横田夫妻がビラ配りを始めた頃は、ビラを受け取らないどころか、叩き落とす人すらいた。横田さんが亡くなったことを報じるテレビ映像で、そんなシーンも流れていました。

そんな〝冬の時代〟にあっても、横田夫妻を支えていたのが安倍首相にほかなりません。

哲也さんは、前述の記者会見でこうも語っています。

「私たち横田家をずっと長い間、そばにいて支援してくださった安倍総理。（中略）私たちはこれからも安倍総理とともに、この問題の解決を図っていきたいと思っております」

安倍首相は、父・安倍晋太郎元外相の秘書官時代から拉致問題に取り組んできました。当時はメディアも政治家も、ほとんど誰も拉致自体を信じようとせず、相手にもしない時代でした。安倍首相自身、国会で「当時は、拉致問題は全く誰からも顧みられなかったし、私もずいぶん批判を受けた」と発言しています。

小渕恵三政権時代、野中広務官房長官（当時）と鈴木宗男官房副長官（同上）が、「北朝

鮮を批判して跳びはねている安倍みたいなやつはけしからん」と話しているのを聞いたことがあります。票にも金にもならない拉致問題は、政治家にとって〝うまみ〟がありません。むしろ、北朝鮮とつながりのある野党政治家から睨《にら》まれ、自民党幹部からは疎《うと》まれます。実際、安倍首相は当選同期の中で政府のポストに就くのは最も遅かった。それでも安倍首相は、政治家人生をかけて拉致問題に取り組んできたのです。

第一次安倍政権で首相秘書官を務めた井上義行氏（現・衆議院議員）にインタビューしたことがあります。安倍首相の代理人として秘密裏に北朝鮮を訪れたこともある井上氏は、「第一次安倍政権がもっと続いていたら拉致問題は解決した」と断言していました。第一次政権時代、昭恵夫人が各国の在京大使館の公使夫人たちを招いて拉致問題の啓発ビデオを見せたこともありました。

安倍首相は何もやっていないと簡単に言い切る人がいますが、あれこれできる限りの手を尽くしながら、なかなか前に進まないところに、この問題の難しさがあるのです。安倍首相から、絶対に口外しない約束である程度、政府の動きを知らされていた西岡会長も「安倍首相は本当にあらゆる手段を尽くして働いてくれた」と述べていました。

安倍総理とトランプ大統領の連係プレー

二〇一二年末に第二次安倍政権が発足すると、安倍首相は北朝鮮と水面下で交渉を行うとともに、世界中の首脳に拉致問題解決への協力を訴えてきました。それに応じて、トランプ米大統領は二度にわたり、金正恩に「マイベストフレンド、シンゾー」に会って拉致問題を解決するよう求めています。中国の習近平国家主席も金正恩に拉致問題解決を促したし、韓国の文在寅《ムンジェイン》大統領でさえ南北会談で拉致問題に言及したと言われます。安倍首相は対北包囲網をつくり上げるべく働きかけてきたのです。

オバマ政権まで、アメリカは人権擁護のタテマエから拉致問題に関心があるフリをしつつも、具体的に行動する気配はまったくありませんでした。内心では、核・ミサイル問題を解決するうえで拉致はジャマだとすら思っていたはずです。朝日新聞や河野洋平氏や福田康夫氏と同じ認識だったといえます。

それがトランプ政権になると、安倍首相の熱情のこもった訴えを聞き入れ、アメリカの対北政策、核・ミサイルの放棄プロセスに拉致問題がガッチリと組み込まれました。

北朝鮮の核問題については最強硬派だったボルトン補佐官がトランプ大統領によって解任されるというハプニングこそありましたが、それでも安倍政権と歩調を合わせてきたトランプ大統領が再選されれば、いよいよ金正恩も追いつめられるでしょう。安倍首相は「トランプは拉致問題に関してハートがある」と、それ以前の米大統領との違いを語っていました。腹をくくって拉致問題を前に進めるしかありません。

小泉首相の初訪朝が実現した背景には、当時のブッシュ（ジュニア）政権による強い圧力がありました。ブッシュ米大統領は、北朝鮮をイランとイラクに並ぶ「悪の枢軸」と呼び、テロ支援国家に指定して金融・経済制裁を発動しました。追い込まれた金正日が助けを求めて日本に泣きついた格好です。武力で拉致被害者を奪還するという選択肢を持たない日本は、米国をはじめ世界各国を巻き込んで北が動かざるを得ない状況をつくるしかありません。拉致問題を解決して国交正常化を果たした暁《あかつき》には、日本が巨額の資金援助を行う用意があるということも、トランプ政権を通じてすでに金正恩に伝わっています。

現在の北朝鮮は、小泉訪朝時よりさらに厳しい状況に置かれています。国際的包囲網にくわえ、新型コロナウイルスの影響で相当な経済的打撃を受けたともいわれている。

北朝鮮にとって、まとまった額の援助は日本にしか期待できません。韓国の経済状況は良いとは言えず、一兆円規模の支援は難しい。日本は韓国との国交正常化にともなって莫大な経済支援を行った前例があるので、金正恩も同額かそれ以上を期待していると思います。

拉致問題解決へあと一歩のところで、いまは足踏みしている状態ではないでしょうか。事態が動いているからこそ、制裁を続けているのです。拉致問題に対する安倍首相の本気度は、関係各所に配置した人材からも明らかでした。北村滋国家安全保障局（NSS）局長は、小泉訪朝時には警察庁外事課長でした。秋葉剛男外務次官は、同じく外務省条約課長だった。この布陣を見ても、安倍政権が拉致問題を疎《おろそ》かにしていたなどとは口が裂けても言えないはずです。

「憲法九条は少女の人生を守れなかった」

二〇〇二年、初の日朝首脳会談が行われた九月十七日の夕方に家族会は記者会見を開き、横田夫妻ら被害者家族が涙ながらに被害者の帰国を訴えました。私はテレビで会見を見ながら、日本人が覚醒の第一歩を踏み出したという感慨を持ったものです。我が国の外交や国際関係、ひいては戦後日本そのものを見直すキッカケになるのではないかと——。

しかし、その後は大きな進展を見せないまま拉致被害者家族は高齢化し、いまでは拉致問題の存在すら知らない若者も増えました。若年層への啓発として政府がつくったアニメーションビデオ『めぐみ』を学校に配ろうとしても、韓国人・朝鮮人差別につながるという理由にもならない理由で、生徒に見せない学校がたくさんあります。

横田滋さんの死去にともなう横田家の記者会見を受け、元ＡＫＢ48の指原《さしはら》莉乃《りの》さんは涙をぬぐいながら、「この問題は、もっと若い人たちも知らなきゃいけない」とワイドショー番組で発言し、その後、彼女はツイッターで会見のフル動画を紹介しました。検察庁幹部の定年延長などという、他の省庁でも当たり前に行われている些細な〝問題〟で安倍政権を責め立てていた芸能人の皆さんは、指原さんを見習って、いま本当に論じるべきは何かを考えてみるべきではないでしょうか。

安倍総理の著書『新しい国へ　美しい国へ　完全版』（文藝春秋）には、「日本の戦後体制、憲法九条は十三歳の少女の人生を守れなかった」と記されています。私は有本恵子さんの父親・明弘さんから手紙をもらったことがありますが、そこにも「憲法改正を含めて法律を整備しないと、北朝鮮のような国には対峙できない」と書かれていました。横田滋さんも、日本の外交が弱腰なのは、憲法に起因すると考えていました。

さまざまな妨害を受けながらも、次の世代に確実にバトンを渡し、北朝鮮の国家犯罪を糾弾し続けなければなりません。

日本国民の拉致と領土侵略は同一問題

拉致問題は戦後日本を象徴しています。「憲法九条のおかげで平和だった」と呑気に言う人がいる。しかし、自国民が他国に連れ去られ、四十年経っても取り返せない国のどこが平和なのか。

憲法前文と九条は、世界には優しい人たちしかいない、良い国しかないという幻想を前提としています。社会党左派だった村山富市元首相は「日本が戦争しないと言っているのに、日本に攻めてくることなんてありえない」「戦争をしないと宣言して丸裸になっている日本を、どこが攻めてくるか。そんなことはありえない。自信を持っていい」なども無責任な主張を繰り返しています。

これはまさに九条由来の発想であり、いかなる時でも、戦争を仕掛けるのは日本であり、日本が悪いことをしなければ世界は平和だという考え方です。だが、自分が泥棒はしないと言えば、わが家に泥棒が来ることはないと信じるのは明らかに倒錯であり、自己中心的な幻想です。

そして拉致問題とともに、その幻想を破壊するのが中国の膨張主義です。

コロナウイルス禍における日本の危機対応能力を試すかのように、百日以上にわたって中国船が尖閣周辺を航行しています。五月上旬には、人民解放軍の指揮下に置かれる「海警」が、領海侵犯を繰り返した挙句、日本漁船を三日間も追い回しました。しかも、中国外務省の報道官は開き直って、「日本の漁船が中国の海で違法操業している」と言い放ちました。完全にナメられています。

産経新聞台北支局長の矢板明夫さんによると、あの〝悪夢〟の民主党政権末期に、習近平は尖閣諸島の強奪を本気で計画していたといいます。習政権は、安全保障面での日本の法整備の問題と準備不足、領土防衛について日本の国内世論がまとまらないことを利用しようとしたのです。

ところが、中国にしてみれば折悪しく、日本で政権交代が起こり、第二次安倍政権が発足して「中国包囲網外交」を展開し始めました。さらに、東日本大震災二周年の追悼式（二〇一三年）では、中国の申し入れを無視し、それまで一般参列者扱いだった台湾代表を外交使節として扱いました。これが決定打となって、習政権はいったん引き下がったのです。強く出れば引っ込むのが中国外交の特徴ともいえます。

ただ、習近平は尖閣諸島を「核心的利益」と明言している。つまり、共産党政権が倒れない限り、中国は尖閣侵略を絶対に諦めないということです。それに対して、いったい日本は何ができるか。憲法改正がベストですが、それが無理なら外交センスに優れた安倍首相に相談しながら外交を展開していく菅新首相を支えていくしかありません。

「共同通信は本気でヤバい」

にもかかわらず、野党とメディアは相も変わらず安倍政権の足を引っ張ることしか考えていませんでした。政府を批判するためならロクに裏も取らずに騒ぎ立てる――そんな報道が目立ちます。

二〇二〇年六月七日、共同通信が「日本、中国批判声明に参加拒否——香港安全法巡り、欧米は失望も」という記事を配信しました。香港の反政府活動を強く取り締まるための「国家安全法」が全国人民代表大会（全人代）で成立し、アメリカやイギリスなど各国が非難声明を発表するなか、参加を打診された日本政府はそれを拒否し、他国から失望されたというのです。

サッカー元日本代表の本田圭佑選手は、「この記事が本当なら日本は本気でヤバい。この記事がフェイクなら共同通信は本気でヤバい」とツイートしました。

菅官房長官は即刻、記事の内容を否定しました。それもそのはず、国家安全法について、日本政府は世界に先駆けて中国大使を呼びつけ、深い憂慮を伝えています。「深い憂慮」は、外交コードでは最も強い言葉にほかなりません。アメリカやイギリスから失望されたなど、あり得ません。結果的に、「共同通信がヤバかった」わけです。

共同通信は黒川弘務前東京高検検事長の処分についても、「黒川氏『懲戒』の判断、官邸が『訓告』に」という記事を流し、法務省が決めた「懲戒」を、官邸が軽い「訓告」にしたかのように報じました。しかし、私の取材によれば話は真逆です。法務省から杉田和博官房副長官に「厳重注意」案が提案され、それを官邸側が一段重い「訓告」で押し返した。これが真相です。朝日新聞の慰安婦報道もそうですが、いい加減でデタラメな報道がどれだけ国益を損ねてきたことか。

黒川問題では、安倍首相は黒川氏にほとんど会ったことすらなかったのに、まるでずぶずぶの関係のように書きたてられました。推測すれば、官邸にダメージを与えたい検察か法務官僚が、共同通信にガセネタを掴ませたのかもしれません。朝日新聞も、検察を政治家が口出しできない特権的地位に置き続けたい検察OBの意見を大々的に報じ、検察官の定年延長を「政権による検察の私物化」であるかのような印象操作を行っていました。

横田哲也さんの言葉を無視したマスコミ

これも拉致問題と同様、左翼イデオロギーに基づいた報道ではないでしょうか。民主党の菅《かん》直人政権時代の二〇一〇年九月七日、尖閣周辺で中国漁船が海上保安庁の巡視船に体当たりした漁船衝突事件が起こり、中国人船長が逮捕されました。このとき、菅官邸が責任を那覇地検に押し付け超法規的措置として船長を釈放してしまったのは、戦後最大の検察への政治介入事件といえるでしょう。政治家があれほど法の手続きを捻《ね》じ曲げたことはない。にもかかわらず、現役・OB問わず、検察から批判の声が上がることはありませんでした。菅氏は前原誠司外相（当時）が釈放に異を唱えたにもかかわらず「釈放しろ」と声をあらげました。にもかかわらずいまだにそう指示したことは「記憶にない」としらばっくれています（産経新聞、二〇二〇年九月八日付）。

官邸と検察のこのやりかたに、海上保安庁の保安官だった一色正春さんは義憤にかられ、ユーチューブ上に映像を公開しました。もともと海保が即日公開する予定だったものを、官邸が中国におもねってストップをかけていたのです。検察庁でも、民主党政権の対応に憤った検察官がゼロだったとは思えません。おそらく、都合の悪いことは報じないマスコミは扱わなかったのでしょう。お得意の「報道しない自由」です。

前述したように、横田家の記者会見を扱うほとんどのニュースやワイドショーで、マスコミ批判と安倍首相を擁護する発言はVTRですべてカットされ、新聞各紙も伝えなかった。「何もやってない方が政権を批判するのは卑怯《ひきょう》だと思います」という哲也さんの言葉を聞いてもなお、メディアは「卑怯の上塗り」をしたのです。

たとえ大手メディアが報道しなくても、ネットでは動画が拡散されます。そんなこともわからないのか、わかっていながらムダな抵抗を続けているのか。いずれにせよ、このままでは、ほとんどのマスコミは世の中の変化に対応できずに国民の信用を失い続け、時代に取り残されてしまうでしょう。新聞だけが何でも言えて、新聞が作る「新聞世論」だけが「世論」だった時代はもう終わっているのです。

日本と北朝鮮の間にあるもう一つの厄介な国

朝鮮半島にはもう一つ、厄介な国があります。

言うまでもありませんが、日本からの莫大な資金援助によって世界最貧国から奇跡的な経済発展を遂げたにもかかわらず、〝慰安婦〟や〝徴用工〟の嘘を世界に喧伝してさらに日本から金銭を引き出そうとし、我が国の領土である竹島を不法占拠し、火器管制レーダーを日本の自衛隊機に照射する（二〇一八年十二月二十日）など、問答無用のヒステリックな反日国家、韓国です。

それでも韓国はかつて、日本と北朝鮮の間にある緩衝地帯であるととらえられていました。韓国側にもその意識があり、「日本は我々の存在によって守られているんだから、我々に感謝しろ」と言っていました。日本はそういう韓国の言い分を認めていたのです。

ところが、北朝鮮の代理人《エージェント》とも召使い《サーバント》ともいわれる親北派の文在寅が政権を握ってから、韓国は北朝鮮との一体化をめざし始め、「緩衝地帯」としての役割を失いつつあります。それどころか、自由主義陣営の一員であるかも疑わしい国になってきました。しかも、北朝鮮ミサイルの長距離化によって、韓国が間にいようがいまいが、防衛力という点では大して意味がなくなりました。日本にとっても韓国という国家が存在していることの地政学的なメリットはかなり薄らいでいます。

それに気づいているのかどうか、二〇一九年七月、安全保障上の問題から、日本が対韓輸出管理を見直し、韓国を優遇措置の対象国であるホワイト国から除外すると、韓国はこれを「徴用工判決への報復」と見なし、韓国側からの仕返しの一つとして、GSOMIA《ジーソミア》（日韓秘密軍事情報保護協定）を破棄すると恫喝《どうかつ》しました。日本はさぞ困るだろうと思ったのかもしれませんが、安倍政権は黙殺し、まったく動じませんでした。

かわりに、GSOMIAの締結を勧奨してきたアメリカが、「北朝鮮の最終的かつ完全に検証可能な非核化を達成して地域平和を実現するためにGSOMIAは不可欠である」と叱り飛ばし、韓国はしぶしぶ破棄を撤回しました。

アメリカは、日米韓共同で、北朝鮮・中国と対峙していこうと考えていました。そのために在韓米軍を配備し、睨みを利かせていたのです。しかし、いまや在韓米軍の撤退を視野に入れています。

一つにはトランプ大統領が海外に米軍を置く経費がバカにならないと考えているからですが、もう一つ、大事な側面は、韓国はアメリカと同盟関係を結んでいながら、アメリカを軽視し、かつてのように中国の属国のように振る舞っているからです。日本人が想像する以上に、中国に対する韓国の属国精神はDNAに深く刻まれています。米中対立が激化する一方の現在、韓国がいま以上に中国に媚びへつらうようになったら、米韓同盟は有名無実化し、日韓防衛体制も崩れ去るしかありません。

それは、北朝鮮との一体化を進める文政権にとってはむしろ好都合かもしれないのです。

文在寅がかつて秘書官を務めていた盧《ノ》武鉉《ムヒョン》大統領もゴリゴリの左派でした。子分の文在寅と同じく元弁護士ですが、西岡力氏によると、弁護士資格を取るための費用が北朝鮮から出ていたのではないかと言われるほど、北とのつながりが噂された人物です。

とはいえ、その盧武鉉政権当時でさえ、韓国軍自体は、まだまともでした。当時、訪韓した防衛省の佐官から「韓国軍の幹部が、『今の大統領は頭がおかしいので、どうしようもない』と言っていた」と聞いたことがあります。ところが、いまでは韓国軍艦船が自衛隊機にレーダーを照射する異常さですから、軍上層部自体が「頭がおかしい」状態で統率がとれなくなっている可能性がある。もしかしたら、軍レベルで南北統一が進行しているのかもしれません。

文在寅政権の異常を証明する事例には事欠きません。例えば、朝鮮戦争の英雄だった韓国陸軍の元大将、白善燁《ペクソニョプ》氏が、七月十日に死去しました。享年99。国葬してもおかしくない人です。

ところが、文政権は、彼が「親日派」だったということで冷遇し、葬儀に大統領が出席することもありませんでした。

一方、セクハラ容疑で追及され自殺した朴元淳《パクウォンスン》ソウル市長に対しては、当局は格段の配慮をして葬儀を営みました。彼が与党系の反日強硬派だったからです。このやり方では近代国家とは言えません。私は以前、朝鮮半島は今も中世にあるのかと考えていましたが、実は古代のままだったようです。

文在寅は「高麗民主連邦共和国」をめざす

ともあれ、私が、北朝鮮との一体化について、文在寅政権が本気でやるつもりだと感じたのは、二〇一九年八月五日、北朝鮮との経済協力についての言葉を聞いたときでした。前述したように、日本が対韓輸出管理を厳格化すると、これが「徴用工判決への報復としての輸出規制」であることを前提に、この日、首席補佐官会議で、文大統領は次のように述べたのです。

「南北経済協力で平和経済が実現すれば、われわれは一気に日本の優位に追い付くことができる。今回のことで平和経済が切実であることを再確認できた。平和経済こそが、世界のいかなる国も持ち得ぬわれわれだけの未来だとの確信を持ち、南北が共に努力していくとき、非核化とともに朝鮮半島の平和の上に共に繁栄できる」

軍事力に特化した世界最貧国の一つと経済協力することが、なぜ日本に一気に追い付くことにつながるのでしょう。核・ミサイル・拉致問題で国際社会から経済制裁されている国と組んで、一緒に制裁を受ける気でしょうか。常識的で冷静な思考ではありません。

これに先立つ八月二日に発表した国民向けの談話では、文大統領は「厳しい状況にあるわれわれの経済に困難が加わったが、二度と日本には負けない」と息巻いていましたが、韓国が日本といつ戦い、いつ負けたというのでしょうか。

突っ込みどころ満載ですが、文大統領の表情は真剣でした。日本が輸出管理の厳格化に乗り出したことを、国民に南北統一の必要性を説くチャンスだととらえている可能性もあります。少なくとも、文在寅はそのあと、コロナ騒動の中で、再選も果たし、もはや本音を隠そうとしなくなった。そして、いまや本気で「高麗民主連邦共和国」の実現を目指しているのだなとの印象を受けました。

「高麗民主連邦共和国」とは、一九八〇年、北朝鮮の金日成主席が提案した南北統一構想のことで、その前提条件として、こう記されています。

（1）朝鮮半島の緊張緩和
（2）アメリカの干渉中止
（3）韓国の民主化実現

親北朝鮮政権の誕生と、親北政策の徹底こそが北が求めた「民主化」だとすれば、この三つの前提条件はすでにほとんど実現していると言えるのではないでしょうか。

また、金日成主席によれば、南北統一政府「高麗民主連邦共和国」の十大施政方針は次のようになっています。

(1)自主性の堅持
(2)民主主義と民族大団結指向
(3)南北経済交流と合作
(4)南北間の科学・文化・教育などの交流と統一的発展
(5)南北間の交通・郵便手段の利用保障
(6)全人民の生活の安定と福祉増進
(7)軍事的対峙《たいじ》状態の解消、民族連合軍隊の組織、双方の軍隊の縮小
(8)海外同胞たちの民族的権利保障
(9)両地域政府の対外活動調節と共同歩調
(10)対外関係において全民族を代表、非同盟・中立路線の堅持、朝鮮半島の平和地帯化

いかがでしょう。これが文在寅の言葉だと言われても、とくに違和感はありません。

納得して信じてしまう人もいるのではないでしょうか。

以前、産経新聞のコラム「極言御免」に同主旨のことを私が書いたとき（二〇一九年八月八日付）、韓国のメディアから「ここに書かれていることはデマだ」と批判されました。しかし、わずか一年後のいまや明白な事実となっているではありませんか。

とはいえ、文大統領が「南北経済協力」を訴えた翌八月六日にも、北朝鮮は韓国を威嚇する短距離弾道ミサイルを発射しています。記憶に新しいところでは二〇二〇年六月十六日、金正恩の妹・金与正《キムヨジョン》が、韓国の脱北者団体による北に向けての体制批判ビラ散布に怒り、釈明のための韓国特使派遣を拒否したうえ、報復として南北和解の象徴だった開城《ケソン》の南北共同連絡事務所を爆破してしまいました。

ラブコールを送り続ける相手の北朝鮮にはまるで相手にされていないようです。片想いの恋をどう成就させるか、文在寅大統領の苦悩というか一人芝居が続いています。

かつての日本の気概をもって南北に当たれ

韓流ドラマでは、日本は常に「悪人」で、一方、中国は常に尊大で迷惑な存在でありつつも決して逆らえない「ご主人様」として描かれている。時に中国さまには逆らうことはあっても、最後には土下座して服従を誓います。朝鮮・韓国人のメンタリティは、中国に対して恐怖と畏敬《いけい》の念を払拭できないままでいるのです。

中国の歴代王朝はさまざまな民族が建てたものですが、どの民族の王朝であろうと、朝鮮半島に住む人々にとっては「ご主人様」であることに変わりはありません。十七世紀前半に漢民族の明《みん》が満洲人の清《しん》に取って代わられたとき、清に逆らった李氏朝鮮の仁祖王は屈辱的な三跪九叩頭《さんききゅうこうとう》（三回跪《ひざまず》き、九回頭を地面に打ち付ける）の礼をとって許しを乞うています。

その一方で、日本人に対しては怖れるどころか、むしろ根拠のない歴史的優越感を朝鮮・韓国人は持っています。我々日本人の知ったことではありませんが、華夷《かい》秩序（中国の皇帝を頂点とする階層的な国際関係）の中では、韓国のほうが日本より序列が上だと思い込んでいて、日本がどんなに怒り、抗議をしても、むしろ叱りつけ躾《しつ》けるのが自分たちの役目だと信じています。

モンゴル人が建てた元朝が日本侵攻、いわゆる元寇を企てると、朝鮮王朝の高麗はその手先となって日本に攻め込みました。東洋史家の宮脇淳子氏によると、一二七四年の最初の元寇（文永の役）では、高麗軍だけで八千人。一万五千人の元軍本隊の副司令官も高麗人でした。作家で歴史に詳しい八幡和郎氏は、高麗軍は元寇に加わっているどころかむしろ主力であり、経緯としても元に取り入った高麗が日本侵攻をけしかけたと指摘して、「元・高麗寇」と呼ぶべきだと提唱しています。つまり、壱岐や対馬で暴虐の限りを尽くし、いまも語り継がれる極悪非道の敵兵の多くは半島人だったのです。その後、博多湾に上陸した彼らは鎌倉幕府軍の反撃にあい、台風にも襲われてほうほうのていで逃げ帰ります。もしかしたら、文在寅大統領が「日本に二度と負けない」と語った際の一度目というのは、「日韓併合」のことではなく、この、元・高麗寇のことなのかもしれません。

外務省のある幹部は「韓国は歴史的に自己中心的な国家です」と語っていました。また、外務事務次官経験者の一人は「韓国は事大主義であると同時に夜郎自大《やろうじだい》の国なんです」と指摘しました。つまり、そのときの主人である大国にはペコペコするが、ほかにも強力な大国があることには気づかず、自分たちの国もなかなかの大国だと勝手に思い込んで威張っているわけです。

条約は破る、約束は守らない、決して自らの非は認めない、安全保障における協力的価値はない、市場規模は小さい……。そんな韓国に対して、日本はこれまでのように無理して付き合う必要はまったくない。そういう考え方が、日本政府内にもようやく浸透してきているようです。安倍首相はかつて朴槿恵大統領時代に「韓国に民主主義はまだ無理なんだろうね」と漏らしていましたが、文政権では首相周辺が「世界から韓国が消えてなくなっても、日本は何も困らない」との本音を語っていました。

潘基文《パンギムン》元国連総長が『中央日報』（二〇一九年一月十四日付）のインタビューに答えて、こう言っていたことがあります。

「先月、日本で高位官僚や政財界関係者に会ったが、雰囲気がひどく冷笑的で驚いた。以前は慰安婦などのイシュー（議題）を話す時、日本が守勢的な立場だったのに、最近は『われわれにも言うべきことがある』というふうに出てくる。韓日関係は今が最悪だ」と。

これはとくに安倍政権だったから、そういう空気感になっているというわけではありません。長年の積み重ねによって、日本人は「韓国はそういう国だ」と認識するようになったのです。菅新首相も当然そうです。

外務省の幹部は「これから日韓関係は何年、何十年も悪いままだろう」と語っています。それが偽らざる本音だろうし、もはや致し方ないと諦めているのでしょう。

今後、韓国に対しては〝放置戦略〟を取ることになると思います。古田博司氏（筑波大学名誉教授）が提唱する「非韓三原則」（助けず、教えず、関わらず）を実践するのがベストでしょう。政府高官も「韓国と関係改善したって仕方がない。中国と違って、日本にとって脅威でも何でもないのだから」と冷めた言葉を発しています。

徴用工訴訟による日本企業の資産の差し押さえと現金化については、日本の外務省は「司法で判決を出しただけならば、それを無効化するのは韓国政府の仕事である。だから、判決に対して過激な反応はしない。しかし、差し押さえの執行など、国として動いてきたら国対国の関係になるから、日本側も同じレベルの対応をする必要がある」と言っています。

それに対抗して日本が韓国にもし経済制裁を科したら、日本側も返り血を浴びると主張する人も中にはいます。確かに韓国と取引している企業や現地に進出している企業も少なくありませんから、まったく被害がないわけではないでしょう。しかし、今後の日韓関係を考えれば、それはかすり傷にすぎません。

懸念されることとして、かつての李承晩ラインのように、日本海沖で日本の漁船が拿《だ》捕《ほ》されたりするかもしれません。そうなったら日本も韓国船を拿捕すべきでしょう。大和堆《やまとたい》あたりで違法操業している韓国漁船をどんどん拿捕するのです。

戦後の日本がずっと骨抜き国家だったわけではありません。昭和二十八年八月には、海保が外国船に対して射撃をした前例があります。北海道・知来別沖で、工作員を収容する目的で領海侵犯したソ連の漁業監視船に、海保の巡視船が自動小銃を発射し、数発が命中してソ連船は停止、摘発されました。このときはソ連政府が公式に日本政府に謝罪しています。昭和二十年代まで、日本はそういう普通の国だったのです。

今後はそれくらいの気概をもって南北朝鮮に対処しなければなりません。拉致被害者を取り戻すためには、反日メディアに惑わされることなく、安倍首相のような強いリーダーの下で、国民一丸となって闘わなければなりません。その点、新首相の菅氏が、アベノミクスのみならず、安倍首相の対韓・対北朝鮮政策を継承していくことを明言しているのは心強い限りです。

第三章

朝日新聞との闘い
日本を被《おお》う悪意

国民と安倍政権を嘲笑するメディア

二〇一九年、参院選の選挙運動がスタートしたばかりの七月七日、朝日新聞は「『嘲笑する政治』続けるのか」という記事を掲載しました。

安倍晋三首相が「悪夢のような民主党政権」と口にし、それによって沸き起こる笑いは「他人を見下す笑い」「さげすみの笑い」であり、六年半におよぶ安倍政治は「嘲笑する政治」ではないのか、と批判したのです。

この記事を読んだとき、「朝日新聞がこれまでずっと続けてきたことこそ『嘲笑する報道』ではないか」という思いが、すぐにわき起こりました。

その典型的な例が、慰安婦問題をめぐる態度です。一九八三年の紹介記事を皮切りに、吉田清治の慰安婦「奴隷狩り」証言を報道し続けた朝日新聞に、読者から「自分は戦地にいたが、そんな事実はなかった」「あり得ない」などの投書や電話が相次ぎました。それに対して、一九九二年一月二十三日付の夕刊コラム「窓」で、北畠清泰《きたばたけきよやす》論説委員（当時）は「知りたくない、信じたくないことがある。その思いと格闘しないことには、歴史は残せない」と、読者を叱りつけたのです。「上から目線」で読者を嘲笑する行為以外の何物でもありません。

読者以外にも、産経新聞や保守系論者が月刊誌などでも「朝日の報道はおかしい」と何百、何千回と指摘し、その多くが的を射ていたにもかかわらず、朝日はそれらの批判を嘲《あざけ》り続け、無視してきました。

そんな朝日が安倍総理や麻生財務相に「嘲笑する政治」と噛みつくのだから、ちゃんちゃらおかしいのです。

歴史問題や拉致問題に熱心に取り組んでいた若手議員時代から第一次政権時代も、「身の丈に合わない」「硬直化した考え方だ」と、社説を通じて朝日はずっと安倍首相を叩き、嘲笑してきたではありませんか。泣く子も黙る「天下の朝日新聞」だから、そんな一方的な報道も許されるとでも思っているのでしょうか。

二〇一九年七月三日付の「天声人語」は、安倍首相とトランプ大統領の関係を「飼い主と忠誠を尽くす犬」にたとえ、「ちなみに人のあくびは犬にも伝染するらしい。忠誠を尽くす飼い主からとくに影響を受けやすいとの研究結果がある。日本政府の場合は、こちらに近いか」と書いています。これが「嘲笑」ではなくて何でしょうか。まるで見当外れなので、皮肉にもなっていません。ましてや「寸鉄人《すんてつ》を刺す」といった類の「風刺」の精神とも無縁です。嘲笑で悪ければ嫌がらせです。

安倍首相に対する嘲笑は、左派の人たちの得意とするところでもあります。実質的に文科省をクビになった前川喜平氏と、ゆとり教育を推進した元文部官僚の寺脇研氏が、「はじめの一歩を踏み出す勇気」というトークショーを二〇一八年に開催したときのことです。司会は東京新聞の例の望月衣塑子《いそこ》記者でした。

安倍首相の学歴（成蹊大卒）に話が及ぶと、寺脇氏は「（安倍首相が）慶應を受験していたという事実があるからなんです。あの、受験していないのにそう言ってんじゃない。慶應幼稚舎も受けたし、小学校段階、中学校段階、高校段階、大学段階って、受けたって話を聞いて知っているので」と、学歴差別と取れる発言をしています。

このトークショーは動画として閲覧できますが、こんな卑《いや》しい学歴差別発言をする人間が、日本の教育レベルを滅茶苦茶にした「ゆとり教育」の推進者だったわけです。ちなみに、事実関係を安倍首相本人に直接確かめると、「事実無根」とのことでした。

そもそも文部官僚の姿勢は疑問だらけです。安倍首相が事務局長を務めた「日本の前途と歴史教育を考える議員の会」が、「この教科書の記述や指導要領はおかしいじゃないか」と指摘しても、文科省は「おっしゃることはごもっともです」と適当に相槌を打ちながら、聞き流して終わり。一方で、日教組や左翼勢力が少しでも抗議してきたら、直ちに是正するのです。

これには理由があります。一九九四年の自社さ政権以降、日教組の委員長が中央教育審議会の委員に入り込み、日教組と文科省が事実上の歴史的な和解をして「一体化」しました。二〇一九年の参院選の選挙戦でも、「日教組のドン」と言われる輿石東《こしいしあずま》元参院副議長（民主党）と前川喜平氏が山梨県で共に応援演説をし、「安倍政権打倒」を訴えていました。私の後輩記者が懇談会の席で輿石氏の携帯を覗き込んだところ、着信履歴に文科省の高級官僚の名前がズラリと並んでいたそうですから、癒着の歴史は長い。

映画評論家の肩書も持つ寺脇氏は、黒澤明や小津安二郎といった巨匠の作品よりも日活ロマンポルノを高く評価し、『新編・ロマンポルノの時代』（知恵の森文庫）という本まで出しているそうです。今後は教育問題には口を出さず、ロマンポルノ研究に邁進して頂きたい。少女の貧困問題について「出会い系バー」でのフィールドワークを得意とする前川氏との交流（ペア）は、この分野でもきっと実り多いものになるでしょう。

エビデンス？　ねーよそんなもん

安倍政治を「嘲笑する政治」と批判した二日後、朝日はまたまた誤報を流しました。「ハンセン病家族訴訟 控訴へ」の見出しで、熊本地裁が元ハンセン病患者の家族への国家賠償を命じた判決に対し、「政府は控訴して争う方針を固めた」と朝刊一面のトップで報じたのです（二〇一九年七月九日付）。ところが、NHKをはじめ、朝日以外のメディアはそろって「政府は控訴を断念」と報じました。朝日の読者は面食らったことでしょう。当日の朝、安倍首相が控訴しないことを会見で明らかにしたため、朝日は同日の夕刊でお詫びと訂正を掲載せざるを得なくなりました。参院選のさなか、自民党の安倍政権がいかに患者に冷たく非人道的であるかをアピールするつもりが、逆効果になってしまった。安倍首相は「世紀の大誤報だ」と周囲に呆れて洩らしたそうです。

しかし、大学教授や識者の中には朝日を擁護する意見も少なくありませんでした。たとえば、南野森氏（九州大学法学部教授）は「もしかして朝日新聞だけがガセネタを掴まされた？　鬼の首を取ったようにこれから選挙演説で安倍首相が朝日新聞攻撃を始めたりして？　一面トップのスクープが誤報ということになれば、なかなかの失態だが、これが実は政権によって仕組まれたのだとしたら怖すぎる。まさかね」とツイート。

朝日記者で、「吉田調書」（福島第一原発事故の陣頭指揮にあたった吉田昌郎所長の聴取記録）についての誤報記事の担当デスクだった鮫島浩氏は、自身のツイッターで「新聞は国家権力にだけは騙されてはいけない。裏で情報をもらうためペコペコしてもガセネタを摑まされ、利用されるだけなのだ」と呟きました。

さらに朝日系列の雑誌『アエラ』（ネット版）で連載を持っている古賀茂明氏（元経産省官僚）は、「『異例』の判断をしたのも、参議院選挙中に『控訴』と報道されれば、『安倍総理は弱者に冷たい』というイメージが広がり、野党に攻撃材料を与えてしまうと心配したからではないのか」（七月十六日）と書いている。いずれも朝日が「世紀の大誤報」をしたのは安倍政権の陰謀によるものと言わんばかりの妄想を綴った内容です。

しかし、彼らが主張する「ガセネタを摑まされた」などというのは、まったくのデタラメです。朝刊が配達される前の九日深夜、午前二時の段階で、ＮＨＫは「控訴断念へ」と報じています。各社とも同じ題材を取材しながら、朝日だけがまったく違う結論に至っているのです。もしも政府高官が朝日の記者だけを呼んで、「総理は控訴する」と偽情報をリークしたというのであれば、朝日はそれを暴けばいいだけの話ですが、そうするかわりに、誤報の翌日、朝刊二面に「本社記事　誤った経緯を説明します」という釈明記事を掲載しました。

記事は「法務省や厚生労働省、首相官邸幹部は控訴するべきだとの意向で、あとは安倍晋三首相の政治判断が焦点でした。／首相の意向を知りうる政権幹部に取材した結果、政府が控訴する方針は変わらないと判断しました」と言い訳しています（傍点、引用者）。

ここで注意したいのは、「知りうる」と、「知っている」「聞いている」では大きな差があるということです。つまり、首相の意向について何の確証も得ていなかった。確実な裏取りはできていないけれども、安倍首相のような保守派は「弱者に対して厳しい姿勢を取るだろう」と勝手に思い込んで、そして決めつけて記事を書いたのです。

釈明記事には「政治部、科学医療部、社会部、文化くらし報道部を中心に、政府がどう対応するのかの取材を始めました」という一節もありますが、そんなに大勢で寄ってたかって誰も正確な判断ができなかったとは、朝日の取材力のなさを改めて見せつけたことになります。

一方、この程度の情報で一面トップに持ってくる朝日の「見識」には本当に恐れ入るしかありません。安倍首相自身、高校時代から難病に苦しんでおり、難病を抱える人たちに対して深い思い入れがある。そういう事実を一つひとつ検証せず、自分たちに都合のいい結論を導き出し、しかも確証もないまま一面トップで報じる。この煽動的報道の構造はモリ・カケ問題とまったく同じです（魔女狩りともいうべき朝日のモリ・カケ報道の酷さについては、前著『安倍晋三の闘い』をお読みください）。

朝日の高橋純子編集委員が著書『仕方ない帝国』に書いていた、「エビデンス？ ねーよそんなもん」という言葉を、社を挙げて体現していると言っていいでしょう。もしかしたら社是なのでしょうか。

三年連続「信頼できない（Don't trust）新聞」ナンバーワン

新聞業界は経営的にも、情報の信頼性においても行き詰まりを見せています。その一因をつくったのは朝日の報道姿勢ではないかと、恨み言の一つも言いたくなります。

英国オックスフォード大学ロイター・ジャーナリズム研究所が毎年行っている国際的なメディア調査レポートの最新版「Digital News Report 2020」によれば、日本の新聞の中で、三年連続で朝日が一番信頼できない（Don't trust）という結果が発表されています。

朝日だけではなく、テレビ局もおかしくなってきています。二〇一九年の参院選に比例代表で出馬した自民党の和田政宗さんが選挙運動中、仙台市青葉区の商店街で見ず知らずの男性から二度、胸のあたりを小突かれたことがありました。打ちどころが悪ければ肋骨が折れたかもしれない悪質な暴力行為であるにもかかわらず、この事件に対して、CBC（中部日本放送）の公式ツイッターに「ちょっと小突かれただけで、暴行事件とは。大げさというより、売名行為」という書き込みがありました。和田さんが元NHKのアナウンサーでありながら、NHKをはじめ朝日新聞などを批判をする「タカ派」議員ということで、そういう皮肉なツイートをしたのかもしれません。しかし、さすがにCBCはすぐにそのツイートを削除して、「本日午後、当アカウントより不適切な書き込みが行われました。現在、詳細を調査中です」と発表しましたが、内部関係者の仕業であるとしか考えられません。

新聞・テレビというマスメディアは、これまで「上から目線」で世の中を侮《あなど》ってきました。ところが、SNSの普及によってフェイクニュースや捏造記事が一般の人たちから暴かれるようになった。それなのに、批判にさらされる側の新聞・テレビの意識は旧時代のままなのです。

国民意識と新聞各社のズレは、二〇一九年の韓国に対する輸出管理強化の際にも露わになりました。

朝日や毎日、日経は「とんでもない措置だ」と社説などで批判しましたが、何がどう「とんでもない」のか、いくら読んでも理解できませんでした。安全保障上、フッ化水素、レジスト、フッ化ポリイミドの三品目について適切な処理を韓国に求めるのは国際的にも当然の措置であり、アジア諸国の中で韓国だけ「ホワイト国」として優遇し続ける理由も、いまとなってはありません。この措置について、韓国は日本に協議を要請してきましたが、そもそも日本が三年前から協議を求め続けてきたにもかかわらず、まったく取り合おうとしなかったのは韓国のほうなのです。

一方で、インターネット上の言論サイトでは、さまざまな専門家や専門外の評論家がこの問題について記事を投稿しました。それらを読んでみると、説得力のある意見が多数を占め、朝日や毎日、日経のヒステリックな社説とは違う、読みの深さがありました。

読者はいまやネット記事と新聞の両方を読み比べることができるわけですが、残念ながら明らかに新聞の記事内容のほうが劣っていると言わざるを得ない場合が多くなっています。言論機関として、新聞がかなり厳しい状況にあることは否定しようのない事実です。もちろん産経や私とて例外ではありません。

朝日・韓国・立民、本日も反省の色なし

長く朝日ウォッチャーを自認してきた私ですが、だんだん真面目に読むことすらバカらしくなってきました。愚かさも度が過ぎると、突っ込む気さえなくなるものです。

産経新聞のコラム「極言御免」に、「両者（朝日と韓国紙）は両国間に問題が生じ、韓国の対日批判が強まるのは日本が悪いと言う論を、助け合って補強している」（二〇一九年二月二十八日付）と書いたことがありますが、朝日新聞・韓国・立憲民主党のイメージがどんどんオーバーラップするようになりました。この三者には曰く言い難い共通性を感じます。

G20サミットが大阪で二〇一九年六月二十八日に開催されるにあたり、朝日の牧野愛博ソウル支局長は、「G20記念撮影、背景は秀吉の大阪城　韓国反発の恐れも」という記

事を書きました（同年五月二十三日付）。朝鮮半島を〝侵略〟した秀吉の居城で写真を撮影すると韓国側の心証を害するのではないか、というのです。韓国では秀吉は極悪人扱いですから、韓国メディアもこの記事を取り上げ、文在寅大統領の対応が注目されましたが、結局、何ごともなく韓国側は撮影に応じました。

それはそうでしょう。世界主要二十カ国の首脳が集まる中で、韓国だけ「ここで写真を撮るのはイヤだ」などという子供のようなわがままが通るわけがない。火のないところに煙を立てるのが、朝日と韓国に共通するやり方です。

一方、立憲民主党の福山哲郎幹事長は「徴用工問題の解決に通商的な対抗措置を取ったように国際社会に見られるのは、国益上マイナスだ」と、韓国に対する輸出管理強化に反対しました。ところが、国民の大多数はこの措置に賛意を示しており、立憲民主党は世論にはしごを外されました。国民意識の変容についてこれていないという点で、新聞やテレビと同じです。もはや朝日新聞が何を書こうと、立憲民主党がいかに的外れな政権批判をしようと、世論はまったく動じなくなっているのです。

数年前、朝日が慰安婦の虚偽報道や東京電力「吉田調書」の誤報問題に揺れているとき、国会で野党議員が質問の席に立ち「何日付の朝日新聞によると」と切り出したところ、

「えっ⁉　朝日？」と野次が飛び、失笑が広がったことがあります。野党議員は慌てて「いや、産経も報じています」と、付け加えました。その野党議員にしてみれば、朝日を一つの権威として紹介するつもりだったのでしょうが、朝日の権威はすっかり失墜してしまいました。「天下の朝日」を自称して尊大にふるまっていたのも昔日の感があります。

それでも、いまなお誤報を繰り返しながら、反省の色もなく「反日」を続ける朝日の未来は暗澹《あんたん》たるものでしかありません。

トランプ大統領は日本人に敬意を抱いている

朝日新聞は、安倍首相とトランプ大統領の奇妙な「不仲」説を頻繁に報じました。しかし米メディアの報道は、朝日とは正反対です。

先ごろ話題になったジョン・ボルトン前大統領補佐官の回顧録『The Room Where It Happened（それが起こった部屋）』の中でボルトン氏は、「世界のリーダーの中で、トランプ大統領と最も個人的な関係を築いているのは安倍晋三首相だ」と記しています。

米紙『ニューヨークポスト』（二〇一九年八月九日）には、興味深い記事が載っていました。アメリカで開催された選挙資金パーティーで、トランプ大統領は安倍首相との友情について触れ、首相の父・晋太郎氏にいかに魅了されたかを語ったというのです。

安倍晋太郎氏が神風特攻隊に志願しつつも、出撃前に終戦を迎えたことを安倍首相から聞いたのか、どこかで調べたのか大統領が「神風パイロットは（死の恐怖をまぎらわすため）酒や麻薬の力を借りることはなかったのか」と質問し、安倍首相は「それはなかった。彼らはただ祖国を愛していただけだ」と答えたそうです。トランプ大統領はパーティーに集まった人々に、「燃料タンクに片道だけの油を入れ、国のために鋼鉄の艦船に突撃した彼らを想像してみてくれ」と語りかけました。この一事でもわかるように、トランプ大統領は「戦う人間」が好きなのです。安倍首相に対して何度も「あなたは戦士だ」と称賛しています。安倍首相の辞任表明に際しても、「シンゾーは日本で最も偉大な首相として認められるであろう」と称えていました。

しかし、反安倍を標榜《ひょうぼう》する日本のメディアには、トランプ大統領の言葉を特攻隊に対する皮肉だとひねくれた解釈をし、このエピソードを安倍支持者が都合よく利用していると誹謗《ひぼう》する声があります。しかし、ジョン・ボルトン前大統領補佐官が、前出の回顧録の中で、トランプ大統領は安倍晋太郎氏が神風特攻隊に志願した話を好み、「日本人、とくに安倍首相がいかにタフか」をよく口にしていたと回想していることからも、決して皮肉やお世辞ではないことがわかります。下衆《げす》の勘繰《かんぐ》りもいい加減にしてほしいものです。

確かに、トランプ大統領は同じパーティーで安倍首相や韓国の文在寅大統領の「訛《なま》り」のある英語をからかっていたことは事実のようです。軽いジョークだったのかもしれません。このことを針小棒大に取り上げて、トランプが日本人を愚弄した、日本人を腹の中ではバカにしている証拠だと騒ぐ反安倍・反トランプのメディアもありますが、米国人に限らず、日本人でも外国人特有の喋りかたや訛りを面白がり、からかうのは別に珍しいことではありません。そこに必ずしも悪意があるわけではないことは、誰にも思い当たる節があるでしょう。

トランプ大統領の日本に対する知識には大雑把なところがあることも否めません。「(天皇陛下の生前退位による代替わりは)百三十年ぶり」「天皇家は三千年ずっと続いている」と言ったりします。正確には生前退位による代替わりは二百年ぶりですし、「三千年」は皇紀二六七九年に少し年数を盛ってしまったのでしょう。しかし、日本人だって、いったいどれくらいの人がその正確な年数を言えるでしょうか。下手をすれば、かつて「生前退位」があったことさえ知らない人もいるかもしれない。「女系天皇」と「女性天皇」の違いも分からず、賛成、反対を論じている人もいます。トランプ大統領の間違いごとき、いわばご愛嬌の範疇《はんちゅう》です。

そういうトランプ大統領の発言の細部を一つひとつ取り上げて、安倍首相との不仲を言い立てたり、印象づけようとする人たちが存在しているのはなぜでしょう。日本のマスコミ、とくに朝日新聞・共同通信は、頑ななまでにその「反アベ」の方針を貫こうとしているかのようです。

安倍外交の成功に嫉妬し、安倍・トランプ蜜月関係が悔しくてたまらないのかもしれません。同じ日本人とは思えませんが、そう考えるしかないようです。

朝鮮日報のほうが朝日より視野が広い

前述した、虚言癖のある吉田清治という人物がつくり出した「（強制連行した）従軍慰安婦」なる幻を、ともに力を合わせて世に広めた誼《よしみ》もあってか、朝日は韓国とは実に気が合うようです。

ＤＨＣテレビが配信している「真相深入り！　虎ノ門ニュース（以下虎ノ門ニュース）」が、「歴史を歪曲して嫌韓、虚偽ニュースを流している」と韓国メディアから激しいバッシングを浴びたことがあります。これに対して、二〇一九年八月十四日、ＤＨＣテレビの山田晃社長はホームページで次のように反論しました。

「番組内容は事実にもとづいたものや正当な批評であり、すべて自由な言論の範囲内である。番組内容のどこが『嫌韓的』でどこがどのように『歴史を歪曲』しているのかを、事実をもとに具体的に指摘してほしい」と。

また、このとき韓国内では、反日活動家として有名な誠信女子大学の徐敬徳客員教授を中心に、「＃さよならＤＨＣ」という不買運動が展開されていましたが、山田社長は、「虎ノ門ニュース」の番組内容とは無関係な親会社、化粧品・健康食品メーカーＤＨＣ商品の不買運動が起きているのは「言論封鎖ではないか」と、誠に筋の通った反論を堂々と展開したのです。

バッシングの火付け役となった中央日報系のケーブルテレビ「ＪＴＢＣ」は、連日「虎ノ門ニュース」の映像を引用しながら取り上げ、出演者が歴史を歪《ゆが》め、韓国を見下した発言をしていると非難していましたが、あるとき「虎ノ門ニュース」がＪＴＢＣの映像を使用したら、「著作権侵害だ」と、自分たちのことは棚に上げて噛みついてきました。韓国は一度火がついたら止められない、まさに「火病《ひびょう》」の国です。

ところが果たせるかな、この問題でも朝日は韓国の側に立って発言します。朝日の鮫島浩記者が、このようなツイートをしたのです。

「韓国世論は『安倍NO』『さよならDHC』など嫌韓感情を煽る者に的を絞り批判を強めている。日本の嫌韓感情は韓国の国内対立を理解せず全体を漠然と嫌うものだ。これは両国マスコミ報道の違いによる。つまり韓国マスコミの方がより深く多角的に日本の状況を伝えているのだ」（二〇一九年八月十三日）

なるほど、中央日報や朝鮮日報を読むと、「文政権はおかしい」と書いてあります。韓国マスコミは日本を批判しつつ、文政権にも矛先を向けますが、ひたすら安倍政権を叩くだけの朝日新聞よりは、よほど多角的で視野が広いのかもしれません。

朝日は「安倍憎し」のあまり、物事を広く見渡す余裕がなくなっているように思えます。一定の顧客が購入してくれれば、それでよし。繰り返される誤報を反省する気もないのでしょう。

朝日の不思議なところは、紙面があるトーンで統一されていることです。日付が変わっても、別の記者が連日同じことを書き続けている。「安倍首相は国民の分断を招いている」と上から目線の決まり文句を並べては仲間内で喜んでいるかのようです。

モリ・カケ問題のときもそうでした。一面、社会面、社説、コラム……どこを開いても「安倍一強の歪み」「忖度《そんたく》」の繰り返しです。お経のような朝日の紙面を百篇読めば、読者衆生《しゆじよう》は救われると思っているのでしょうか。『天声人語書き写しノート』(朝日新聞社)などという本も出しています。つまり、こちらが言った通りに写経しろということではありませんか。一種の洗脳のための儀式といえるかもしれません。

朝日はかつて左派の寄りどころであり、その点では確かに権威ある新聞でした。しかし、その権威には実態がなく、「裸の王様」にすぎなかったことが露見してしまった。ネットの存在も大きかったとは思いますが、紙面の内容の劣化が止まらないことも大きな要因です。

「だまってトイレをつまらせろ」とか「スケベはスケベを呼ぶ」という下品な見出しで意味不明の安倍政権批判を展開する高橋純子編集委員のコラムなど、本当にひどい。二〇一九年七月二十八日放送の「サンデーモーニング」(TBS系列)に出演したときは、「世論を抑えていく、コントロールしていく……」と、国民を洗脳するかのようなコメントを発し、ネットで炎上しました。仕事柄、この人のコラムにときどき目を通しますが、安倍首相に対するどす黒い悪意と決めつけが汚い言葉で記されているのに気分が悪くなります。健康を害するのでできるだけ読まないようにはしていますが。

朝日の記者のほとんどは、おそらく高橋氏のような選民意識をいまだに引きずっているのでしょう。

鮫島氏は、先に紹介したほかにも、「韓国の徴用工判決は法律上様々な論点があり少なくとも安倍首相の『あり得ない』の一言では片付けられない。なのにテレビ新聞は『あり得ない』を鵜呑みにして韓国判決がおかしいという前提の記事ばかり。これぞ思考停止の大本営発表垂れ流しだ。かくして日本社会は国際世論とかけ離れ孤立していく」(二〇一九年八月十二日)とツイートしています。いったい、日本社会や国際世論と「かけ離れ孤立して」いるのはどちらなのか。彼は幻覚を見ているのではないでしょうか。韓国への輸出優遇措置の撤廃には国民世論の大半が賛成しているし、国際社会が日本を批判している事実もありません。徴用工判決には国民のほとんどが怒っています。朝日の記者の目には日本と世界がどう映っているのでしょうか。

朝日の記者の意識が変わらない限り、「朝日が昇る時代」は二度と来ないでしょう。元朝日OBの川村二郎氏の『夕日になる前に――だから朝日は嫌われる』（かまくら春秋社）、『学はあってもバカはバカ』（ワック）や、同じくOBの長谷川熙氏＆永栄潔氏の『こんな朝日新聞に誰がした？』（ワック）をひもといてみたら、朝日復活のヒントを見出すことができるかもしれません。

「#検察庁法改正案に抗議します」でお祭り騒ぎ

森友学園・加計学園（いわゆるモリ・カケ）問題、桜を見る会問題――いいかげんウンザリでしたが、これらの次に朝日と野党が飛びついたのが「検察庁法改正案」問題でした。二〇二〇年五月十二日付朝刊の朝日の紙面は、一面トップ記事「検察庁法改正案　抗議ツイート急拡大」「首相　今国会成立の構え」をはじめとして、二面トップ、三面トップ、四面トップ、二十五面トップ、さらには一面コラム「天声人語」も、社説も、すべて検察官の定年延長を盛り込んだ検察庁法改正案への批判で埋め尽くされました。

まるで改正案が成立したら天地がひっくり返って、日本が滅亡するかのような騒ぎかたです。いったい「検察庁法改正案」の何に反対なのか、検察庁幹部の定年延長がなぜそれほどの大問題なのか、これだけではさっぱりわからない。専門家の中にも首をかしげる人がいました。戦前は、この手法で国民の戦意を煽《あお》り、戦争へと導いたのでしょう。

考えてみれば、朝日は安全保障関連法や特定秘密保護法の審議のときも、モリ・カケ問題のときも、紙面のほとんどすべてを使って安倍政権批判を展開しました。そのたびに「憲法が踏みにじられた」「民主主義の破壊」「戦前回帰だ」と〝朝日用語〟とも言うべき決まり文句を並べて世論誘導を行ってきたのです。

民衆を煽動《アジテーション》するために撒《ま》く「アジビラ」そのものです。朝日OBの長谷川熙氏も『偽りの報道　冤罪「モリ・カケ」事件と朝日新聞』『崩壊 朝日新聞』（ワック）の中で、そういった印象操作による報道は、真っ当な報道機能の行使ではなく、一種のアジビラ、紙切れでしかないと批判していますが、同感です。朝日には、長谷川氏が『崩壊 朝日新聞』で論証したように、戦前、国民の戦意を煽る記事を量産し、日本を戦禍の道に導いてきた前科があります。つまるところ、朝日の体質は戦前も戦後も今も何も変わっていないのです。

ただ、今回の朝日のやりかたには大きな変化が見られました。ツイッターを政権攻撃の材料・根拠として利用したことです。ふだんから自分たちへの批判や抗議の声にあふれているネット空間を敵視し、「ネット上の情報はデマが多くて、信用ならない」と主張していた朝日なのに、この心変わりは一体どうしたことでしょう。

「ツイッター上では9日夜以降、俳優や歌手ら著名人から『#検察庁法改正案に抗議します』という投稿が相次いだ。リツイートも繰り返され、投稿の数は、11日午後8時すぎで680万件を超えた」と、投稿数の多さを一面トップで強調しています。まるで六百八十万もの人が抗議しているかのような書き方ですから、ツイッターにくわしくない読者はさぞ驚いたことでしょう。

二十五面記事の見出しは「芸能人に変化? 政治的ツイート続々」。安倍政権批判に利用できるとなったらなりふり構わない朝日にとって、芸能人や著名人が相次いでツイートしたことは百万の味方、いや、六百八十万の味方を得た思いだったでしょう。

SNSで芸能人を踊らせたのは誰だ

朝日は翌十三日付朝刊の二十六面記事では、安倍首相周辺が「日本人の20人に1人(がツイート)とかおよそありえない数字」と述べたと、批判的に紹介しています。

しかし、それでは朝日は本当に二十人に一人がツイートしたと信じているのでしょうか。同記事内では、東京大学大学院工学系研究科の鳥海不二夫准教授による四百七十三万件のツイート（リツイート含む）の分析結果として「実際に関わったアカウントは約58万8千だった」「このうち2％に当たる約1万2千のアカウントがリツイートを繰り返したことによる拡散が、全体の約半数を占めていた」とも紹介しています。

それで本当に国民の二十人に一人がツイートしたと言えるのでしょうか。朝日の記事は論理破綻していると言わざるを得ません。あるいは、自分たちもそれを信じていないのに「ありえない数字」と述べた安倍首相周辺を批判したのでしょうか。どちらにしろ、知的誠実さに欠ける報道でした。

今回の抗議ツイート騒動は、多くの芸能人・著名人が参加したことで世間の耳目を集めました。しかし、それは今回に限ったことではありません。二〇一五年の安全保障関連法制に関する議論が活発化した際、朝日は法案を読んだかどうかも怪しい芸能人や文化人にインタビューして、例の「徴兵制の復活だ」「戦争が始まる」といった〝朝日用語的〟コメントを大々的に掲載していました。良きスポークスパーソンなのでしょう。

コロナ禍で芸能関係者は映画や舞台、公演ができず、出演が激減し、政府の対応に不満が募っているのはわかります。ですが、それとこれとは話が違う。

歌手のきゃりーぱみゅぱみゅさんは、一度リツイートした後、誤まりに気づき、削除しました。彼女が公開した謝罪文には次のように書かれていました。

「なぜ今回私が発言したのかと言いますと、周りの信頼している友達がこの話をしていて政治に詳しくない私のところまで話が降りてきました」

結果的に自分で調べてみて間違いに気づいたわけですが、どこかに司令塔があったのではないかと勘繰りたくなる文面です。タレントの指原莉乃《さしはらりの》さんも、ツイートを促すコメントが来ていたと明らかにしています。

女優の裕木奈江《ゆうきなえ》さんが、「そういえば今回のハッシュタグ（＃検察庁法改正案に抗議します）作ったの誰？」とツイートしたところ、社民党の福島瑞穂氏の夫、海渡雄一弁護士が始めたという匿名の投稿がありました。

それが真実かどうか確かめる術《すべ》はありませんが、ありそうな話ではあります。

内容を少しでも吟味すれば、これまでの「モリ・カケ・サクラ疑惑」と同じく、新たな「ケンサツ」問題も、安倍政権批判のためにむりやり捻じ曲げたものであることがすぐにわかるはずですが、安易に煽動に乗ってしまった芸能人や著名人も、第一章で言及した「バカのクラスター」と言わざるを得ません。朝日の悪意ある報道は武漢ウイルスのように伝染力が強く空気感染し、治ったと思ったら、すぐ再発するのでタチが悪い。「バカのパンデミック」を起こさないよう、くれぐれも注意が必要です。

検察の独立性と「三権分立」

同じく五月十三日付二十六面には、「抗議の声　背を向ける自民」と題し、政府・与党が、その「SNSへの投稿」イコール「国民の声」の信用度に疑いの目を向けることを批判する記事も載っています。しかし、その国民の声の発信者が、本当に検察庁法改正案の目的や理由を理解し、自分の考えで世に問うているのかは、はなはだ疑問です。

野党は「検察官の中立性、三権分立を損なう」（立憲民主党・枝野幸男代表）「検察の中立性、独立性を著しく害する」（国民民主党・玉木雄一郎代表）と、時の政権による捜査介入を許しかねないと主張を展開しましたが、そもそも検察庁法改正案は、二十年前から議論されているもので、人事院勧告を受け、国家公務員である検察官の定年を他の公務員に合わせるのが目的でした。検察への人事介入という批判はまったく的外れです。

また、検察の独立性を守れと力説しますが、そもそも検察庁は行政府を構成する一組織なので、「三権分立を損なう」といっても、三権（司法・行政・立法）のうち政府と検察は同じ「行政」ですから、「三権分立」の観点からすると、何が「検察の中立性、独立性を著しく害する」のかという問題になってしまう。検察には、定義はハッキリしませんが、「準司法」という面もあるので、そこから議論すべきでしょう。

しかも、検事総長や検事長の任命権は内閣にあります。実質的には検察の内部で選ばれた後、内閣が追認している形でしょうが、建前上は内閣が選出しています。

朝日は林氏を検事総長にしたがっていた？

では、なぜここまで批判や反対の声が上がったのかといえば、二〇二〇年一月に政府が黒川弘務《ひろむ》東京高検検事長の定年延長を閣議決定したのは、黒川氏を検事総長にするためではないかと勘繰られたからです。

産経も含め、マスコミは黒川氏のことを「首相官邸に近いとされる」と書き立てました。安倍首相が〝お友だち〟を依怙贔屓《えこひいき》し、特別扱いしているのではないかという相も変わらぬお気に入りの構図を無理やり押し付けたのです。黒川氏宛てにカッターの刃が入った封書が届く事件も起きました。

ですが、安倍首相自身は「何を根拠に近いと言うのか。私は黒川氏をほとんど知らない」と語っています。むしろ、黒川氏とライバル関係にあると言われる、もう一人の検事総長候補、林眞琴《まこと》氏のほうが元法務省刑事局長だったこともあり、テロ等準備法を新設した改正組織犯罪処罰法の説明を受けるため、安倍首相は何度も顔を合わせています。

ちなみに、ジャーナリストの須田慎一郎氏は二〇二〇年二月の段階で「朝日は林氏を検事総長にしたがっている。林氏と朝日の関係は深く、それにかこつけて政権批判をしていくだろう」と予言していましたが、結果的に当たっていたと言えるでしょう。結局、林氏が検事総長に就いたのですから。

検察は政権の嫌がることをします。たとえば、安倍チルドレンと言われる河井克行（衆議院議員）・案里《あんり》（参議院議員）夫妻の秘書ら三人が二〇一九年の参院選買収疑惑で逮捕されています。ほかには秋元司衆議院議員もＩＲ（カジノ・統合型リゾート）関連の収賄容疑で逮捕されました。手柄が欲しい検察は、野党の政治家よりも与党議員に厳しい傾向にあります。そのほうがまわりに認められやすいし、世間的な受けもいいからです。

そのため、ときに「検察ファッショ」といわれる暴走もします。

二〇〇九年、政権奪取間近だった民主党の小沢一郎代表（当時）の政治資金問題で、検察の捜査が入りました。捜査自体は中途半端に終わりましたが、民主党の政治家たちは国策捜査だと連呼していました。そんな民主党の批判を横目に、当時、雌伏《しふく》中の安倍氏は「官邸が検察をそんなに好きに動かせるのなら苦労しないよ」と苦笑していました。当然でしょう。

検察は政治家が下手に働きかけをすると、かえってヘソを曲げて政治家が嫌がるようなことをするのです。こういった事実に鑑みても、定年を延長すると検察側が安倍首相に忖度する、などという破綻した論理がなぜ通用するのか理解しがたい。三権分立の精神とは、司法だけを聖域にするというものでは決してありません。

結局、検察庁法改正案の可決は見送りになりましたが、さすがに安倍首相もバカバカしくなったようです。周囲にはこう話していました。

「法務省・検察側に要請されて提出した法案なのに、法務省はそれをちゃんと説明しない。もともとどうしてもやらないといけない法案でもないし、検察の人事をこっちで決めているわけでもない。私はハナから熱心ではない。（予定される秋の）臨時国会でやらなくてもいいんだ」

検察庁法改正案は、国家公務員法改正案と一体化した「束ね法案」であり、国家公務員法改正案が成立しなければ、国に準拠して定める地方公務員の定年引上げも据え置かれるのです。これは政府・与党にとっては痛くも痒くもない話ですが、公務員労組である自治労を支持基盤とする立憲民主党にとっては大事な支持者の機嫌を損ねることになります。安倍首相を冤罪で攻め立てていた立憲民主党は、自らの首を絞めることになりました。

「謀略新聞」か「恐怖新聞」か

考えてみれば、朝日はかつて検察の人事に介入したことがあります。

もう二十年以上も前のことですが、雑誌『噂の眞相』の記事を紹介するかたちで、則《のり》定《さだ》衛《まもる》東京高検検事長（当時）の女性スキャンダルを一面トップで取り上げました（一九九九年四月九日付）。記事中にも「噂の眞相の記事によると……」と雑誌記事を引用しています。この朝日の記事によって則定氏は失脚する結果になりました。

検察で内部調査を行った堀口勝正氏は「三流雑誌の記事を一面トップに引用するなんて追い落としの謀略だ。朝日新聞は謀略新聞だ」と吐き捨てたそうです。確かに、私も当時、「『噂の眞相』を一面で引用するなんて新聞じゃないな」と他社の記者と話したことを覚えています。

何かと訴訟の絶えなかったゴシップ誌の記事を確認取材もしないでそのまま一面トップで引用し、普通なら新聞が取り上げることのない女性スキャンダルを書き立ててまで、則定氏を検察庁から追い出したかった理由は不明です。何らかの確執が朝日と則定氏との間にあったのかもしれませんが、これこそ検察庁に対する恣意的報道による人事介入そのものではないでしょうか。

朝日が「謀略新聞」かどうかはともかくとして、漫画家つのだじろうさんに『恐怖新聞』というオカルト作品があります。「少年チャンピオン」に連載されていたのですが、毎夜配達される「恐怖新聞」を、一日読むごとに寿命が百日ずつ縮まるという話です。朝日はどちらかというとこちらに近いかもしれません。あまりに露骨な煽動記事やフェイク、誤報ばかり毎朝読まされると、どんどん寿命が縮まりそうです。ただ、一日読むごとに百日縮まるというのは大げさかもしれません。もしそうなら、読者はすでに死滅している計算になりますから……。

朝日の編集委員が一国の総理に対して〝ファ××・ユー〟

たびたび名前を出して恐縮ですが、『週刊新潮』（二〇二〇年五月二十一日号）にも高橋純子編集委員の批判記事が掲載されました。四月二十二日付の朝刊コラム「多事奏論」で、高橋さんは安倍首相が公開した星野源さんとのコラボ動画をネチネチと批判し、『週刊新潮』に言わせれば「読者不在の独り語り」で「お決まりの安倍政権批判を感情的に繰り返すだけ」。そして、最後は〈ひとり鏡の前に立つ午前10時48分。カッコいい中指の立て方を、研究してみる。〉と締め括るのです。

「なんとか文脈を辿ってみれば、総理に対して中指を立てる研究をしている。そう読める」と書く『週刊新潮』が指摘しているように、人に対して中指を立てるのは〝ファ××・ユー〟というサインであり、海外で使用したら殺されてもしかたのない侮辱的行為です。いくら安倍政権批判をしたいからといって、あまりにも常識外れな表現であり、まがりなりにも「社会の公器」と呼ばれるクオリティペーパーにあるまじき、驚くべき内容です。男性が女性にそんなことをしたら「セクハラ」で大騒ぎになるでしょう。

朝日の記者は「朝日サークル」という一つの小さな円環の中に閉じこもり、お互いに、ああでもないこうでもないと言い合って満足しているのでしょう。世間と隔絶された中で独自の退化を遂げた「ガラパゴス新聞社」と言えます。もはや朝日がクオリティペーパーであると考えているのは自分たちだけなのかもしれません。

安倍内閣は朝日やテレビのワイドショーがいくらグルになって騒ごうと、総攻撃を仕掛けようとも、一時的に内閣支持率が下がっても常に四割ほどの支持率をキープしてきました。内閣支持率と自民党の支持率を合わせれば、七割前後を維持してきたのは、長年政治の現場にいますがすごいことだと思います。マスメディアの影響力が落ちていることは明らかですし、国民の信用をそれだけ失っているということでしょう。


かつては「朝日・岩波文化人」などと言ったものですが、岩波書店の威光はいまや見る影もありません。朝日もプライドだけは高い自分たちの狭い世界の中で、内輪受けだけする記事を書いて生きていくしかないでしょう。そしてこれからも、自分たちこそ国民の代表であり正義だという勘違いや妄想の中で生きていく。

モリ・カケ・サクラ・ケンサツ……と、朝日の低レベルな倒閣報道に振り回されるのはもう終わりにしませんか。

安倍首相辞任直後にもヘイト

その低レベルの安倍叩きは首相の辞任直後にも展開されました。朝日の言論サイトが八月三十日に掲載した白井聡・京都精華大専任講師の論説「安倍政権の7年余りとは、日本史上の汚点である」がそれです。まさしくヘイト。それほど常軌を逸した内容でした。

白井氏は、辞任を表明した安倍晋三首相の政権が憲政史上最長となったことを「恥辱と悲しみ」と書きます。安倍政権を多くの日本人が支持してきたことについて「耐え難い苦痛」と記し、安倍政権の支持者に「嫌悪感」を持つと表明しました。

さらに、隣人たちが安倍政権を支持しているという事実は「己の知性と倫理の基準からして絶対に許容できない」と主張し、その事実に「不快感」を示すのです。

安倍政権憎しの余り、攻撃対象は市井の日本人にまで及んでいます。

さらに、白井氏は八月二十九日には、安倍首相の辞任記者会見を見て切なくなったとニッポン放送のラジオ番組で発言した歌手、松任谷由実氏に対しても暴言を吐くのです。白井氏は、自身のフェイスブックで松任谷氏の旧姓を挙げてこう揶揄しました。

「荒井由実のまま夭折すべきだったね。本当に、醜態をさらすより、早く死んだほうがいいと思います」

安倍首相に共感を表すことは醜態であり、死に値するというのです。朝日は白井氏がこんな中傷発言をした後も、白井氏の論説を掲載し続けていますが、社会に通用する話でしょうか。

社会通念で言えば、日本維新の会前代表で元大阪府知事の橋下徹氏が、九月一日のツイッターで記したこの言葉の通りでしょう。

「こんな発言を俺たちがやれば社会的に抹殺だよ」

安倍政権の通算八年八カ月（三一八八日）は、なぜか激高したアンチ安倍派の人たちの悪口雑言を聞かされ続ける日々でした。彼らはどうしてそこまで安倍政権が憎くて仕方がないのかと考え、ある仮説にたどり着きました。

彼らは自らの内にある醜さ、汚さ、いじましさ、愚かさ、卑劣さ、弱さ…などを勝手に安倍首相に投影し、それに憤っているのだろう。安倍首相という鏡に映る己自身の姿が、許せないのではないか――。

そういえば、朝日は安倍首相の辞任表明翌日の八月二十九日の社説で「『安倍政治』の弊害清算の時」と題して安倍政権についてこう書いていました。

「野党やその支持者など、考え方の異なるものを攻撃し、自らに近いものは優遇する『敵』『味方』の分断」

また、九月一日の社説「安倍改憲　自ら招いた頓挫」でも、こう書いていました。

「野党や批判勢力に必要以上の敵対姿勢をとる安倍氏の政治スタイル」

むしろ、考え方の異なる相手を必要以上に攻撃してきたのは朝日自身であり、朝日が重用する白井氏でしょう。辞めていく安倍首相をあくまで「敵」と位置づけ、執拗に叩き続ける朝日のスタイルは、朝日が安倍首相の弊害だと批判したやり方そのものではありませんか。

つまるところ、積年にわたる朝日の安倍首相批判はただの自己紹介だったわけです。天に唾するだけの空しい言論だったのでしょう。

第四章

行く手を阻む理念なき集団

無責任野党との闘い

フェイク報道に踊る野党議員たち

野党がつくり出した、モリ・カケ（森友学園・加計学園）に始まる一連の安倍首相への忖度物語《ストーリー》は、もちろん、すべてフェイクです。

加計学園の獣医学部新設に、友人の加計孝太郎理事長に便宜を図ろうとする安倍首相の思惑に沿い、官僚が忖度したというストーリーがまかり通っていた時、安倍首相は、「そんなことはしないよ。もしするとしたら、私は官僚に忖度させるのではなく、文科大臣に直接言うよ。文科大臣は同派閥の清和会なんだから」と笑っていました。

二〇一九年五月から野党のメインテーマとなった「桜を見る会」問題に関しては、公職選挙法と政治資金規正法違反の疑いで、五百人以上の弁護士や法学者らが、安倍首相と後援会幹部の計三人の告発状を東京地検に提出しましたが、受理されませんでした。やれやれ、肩をすくめるしかありません。

ある野党議員は産経新聞の取材に対し「桜を見る会は法的に問えないことはわかっているが、ずっと続けていれば、安倍政権の印象が悪くなる」と言っていました。記者側が「そうは言っても、野党の支持率は上がっていませんが」と尋ねたら、「野党の支持率が上がらなくても、安倍政権の支持率が下がれば、こちらとしては勝ちだ」と答えました。こんな情けない野党が安倍憎しのマスコミと結託して、反安倍キャンペーンを盛り上げるのです。

「野党がまたバカなことを始めたな」と呆れている冷静な国民もいますが、その多くはテレビのワイドショーで繰り返し報じられたら、疑惑は存在するに違いないと思い込んでしまうものです。「情報弱者」と呼ばれる、そういう方々が無党派層として一定数存在していて、何か問題が発生したら「安倍政権にお灸をすえよう」と考えているので、ある程度の効果はあるわけです。

だから、野党が熱心なのは、いつものことながらいわゆるスキャンダルや疑惑の追及ばかりということになる。

例えば、二〇一九年六月には、毎日新聞が報じた政府の国家戦略特区ワーキンググループ（WG）の原英史《えいじ》座長代理の疑惑（というよりも毎日の悪質な誤報）に国民民主党の森裕子議員が飛びつきました。

同紙六月十一日付朝刊の一面に、「特区提案者から指導料　WG委員支援会社　20

0万円、会食も」の見出しで、協力関係にあるコンサルティング会社が二〇一五年、提案を検討していた福岡市の学校法人から約二百万円のコンサルタント料を受け取っていた」という記事が原氏の顔写真付きで掲載されたのです。このワーキンググループは、規制改革案を最初に審査する部会ですが、原氏は会食接待も含めて毎日の報道内容をはっきり全面否定し、新潮社のウェブサイト『フォーサイト』に「『毎日新聞社』を提訴する！」と題した記事を発表します。さらに毎日の「新聞倫理綱領違反」について日本新聞協会に公開質問状を送り付けました。原氏は誠実かつ徹底的に反論しており、毎日新聞側の取材や記事化のプロセスへの疑問が高まりました。どう考えても毎日の旗色が悪い。

ところが、森氏は毎日のフェイク報道を鵜呑みにして、民間人である原英史氏の疑惑追及に躍起になり、「これは国家公務員だったら、斡旋《あっせん》利得、収賄で刑罰を受けるんですよ」と、自分で調べもせず、さも事実であるかのように誹謗中傷《ひぼうちゅうしょう》しただけでなく、原氏の自宅住所を国会の場で公開し、さらにホームページにも掲載する失態を演じました。この件に関しては二〇一九年十一月十四日、参院議院運営委員会理事会で野党統一会派が謝罪しています。

原氏が、加計学園の獣医学部新設について首相の意向は関係なく、適切に進められた結果だと主張したことへの報復とまでは言いませんが、そのせいで標的にされたのかもしれません。しかも、この話にはおまけがあります。

このときの参院予算委での質問通告に対応するため、台風十九号が接近する中、森氏が省庁職員に深夜残業を強いているという匿名投稿がネットに相次ぎました。これに逆ギレした森氏は、通告内容が省庁から外部に漏洩した疑いがあると記者会見を開き、調査チームを設けて徹底的に追及する意思を示しました。しかし、通告が違法に流出した客観的事実は何も見当たらず、これを「議員の質問権の侵害だ」と針小棒大に騒ぐ姿は見苦しい限りでした。論点をずらして、とにかく「私は悪くない」と言いたかっただけとしか思えません。

憲法五十一条には「（衆参）両議院の議員は、議院で行つた演説、討論又は表決について、院外で責任を問はれない」と規定されており、国会議員の発言が免責されていますが、だからこそ良識と節度のある発言が求められます。森氏の言動は非常識にもほどがあります。

詐欺事件を起こしたご本人が「百年安心詐欺」を叫ぶ

続いて「老後資金二千万円問題」が起きました。

金融庁が「人生百年時代」の資産形成についての報告書を二〇一九年六月三日に公表したのですが、そこには夫婦の老後資金として「三十年間で約二千万円が必要」と記載されていました。六十五歳で定年退職し、年金収入だけで九十五歳まで生きると仮定して試算すると、夫婦で月五万円の赤字になる、つまり三十年で二千万円不足する恐れがあるというのです。したがって、退職金も有効活用し、長期・分散型の資産運用などで老後の人生に備えるよう求めているわけですが、この内容が「二千万円なければ老後は過ごせない」と拡大解釈されて問題となり、麻生太郎財務相はこの報告書の受け取りを拒否しました。

この「二千万円問題」を、各テレビ局のワイドショーがこぞって取り上げ、いつものごとく大騒ぎを始めました。麻生氏の反応に、「前代未聞の隠蔽工作だ」（立憲民主党・大串博志氏）、「選挙に不利かもしれないから受け取らないと言い始めたのではないか」（共産党・宮本徹氏）と野党もいっせいに非難の声を上げました。

　辻元清美氏（立憲民主党）は「百年安心詐欺だ」と言い出しました。安倍晋三首相が六月十日の参院決算委員会で「（年金制度の）百年安心は嘘ではない」と答弁したことに対する痴《し》れ事《ごと》です。秘書給与千八百七十万円を国から騙し取り、詐欺で逮捕された（二〇〇二年）当の本人がよく言えたものです。

　しかも、辻元氏の「詐欺発言」は二重の意味で間違っています。

　六十五歳で「無職」となった世帯が、以後三十年間、年金だけで暮らすのは難しいことくらい、誰でもわかるでしょう。「老後のための貯えが必要だ」というのは一般的な認識です。長生きはお目出度いことですが、その代わり二千万円足りなくなるという試算に対して「詐欺だ」と言っても始まりません。与党が「百年安心」と謳っているのは年金制度のことであって、百歳まで安心という意味ではないのです。

　通常、六十五歳まで働いていたら、ある程度の預貯金はあるはずですから、「無職・貯金ゼロ」という設定にも無理があります。六十歳の平均貯蓄は約二千九百万円という数字も出ています（ＰＦＧ生命調査より）。そんなに貯金はないという人もいるかもしれませんが、いまでは定年退職後も何かしらの形で働いている人がほとんどです。さまざまなデータをもとに「老後資金がこれだけ足りない」と問題提起するのなら理解できますが、こんな穴だらけの話に目くじら立てるのはナンセンスです。

そもそもお年寄りが年金だけで三十年暮らせるような社会保障を、野党は提案したことがあるでしょうか。いまからでも遅くない、ぜひ考えていただきたいものです。ただ、そのためには「消費税を二五％にする」という「朝三暮四」のようなトリックは反則です。

ワイドショー番組のつくり手の側だって、老後の三十年間を年金だけで生活していくのは無理だとわかっているはずです。ところが、高給取りで預貯金もたっぷりあるだろう彼らが「二千万円」という数字だけを取り上げて「とんでもないことだ！」と怒りの大声を上げる。

「僕だってそんなお金は持っていませんよ」と、笑いをとりつつ怒ってみせるタレントもいる。これでは正常な議論ができません。またしても、利用できるものはなんでも安倍叩きに利用する、何かあればすべて「安倍のせいだ」と声をそろえる〝アベノセイダーズ〟の自己アピールでしかない。こんな煽動報道で、割を食うのは国民の方です。

金融庁がなぜこのタイミングでこの報告書を出したのかという疑問もあります。消費税引き上げを正当化し、資金運用を活発化させるための財務省の仕掛けだったのかもしれません。それはともかく、「年金問題」は野党の得意技だったはずですが、「老後資金二千万円問題」は野党が期待したほど広がりを見せることはなく、それからおよそ一カ月後に始まった参議院選挙の大きな争点にすることはできませんでした。その腹いせかどうかはわかりませんが、安倍首相の選挙演説に対する妨害活動が相次ぎました。

こんな人たちに負けるわけにはいかない

二〇一九年七月二十一日に投開票された参議院議員選挙で、与党の自民党と公明党は改選議席の過半数議席を獲得して勝利しました。選挙前から与党優位が伝えられていたものの、野党側の「反安倍」活動は活発でした。

東京のJR中野駅前で行われた総理演説では、「安倍辞めろ」「死ね」などの暴言を吐く三十人ほどの集団が現れ、傍若無人《ぼうじゃくぶじん》のふるまいを始めました。安倍首相の到着前、ある女性が静かにするよう求めましたが、一向に聞き入れられない。そこで記録に残すためにスマートフォンで撮影しようとしたところ、四十代と思《おぼ》しい女性にスマートフォンを奪われ、地面に叩きつけて壊されるという暴力事件がありました。

女性は現場の警察官に再三対処を訴えたのですが、ことごとく無視されました。スマホを壊された後も、「あの人が壊した証拠はあるのですか」と、なかなか取り合ってくれなかった。自民党の職員が目撃証人になってくれて、ようやく器物損壊容疑で、四十代女性の犯人が現行犯逮捕されました。

比例代表で出馬して当選を果たした自民党の和田政宗さんも、前述したように、仙台市青葉区の商店街で、見ず知らずの男性から二度、胸のあたりを小突かれました。打ちどころが悪ければ、肋骨が折れたかもしれない、大変悪質な行為です。

このような選挙妨害に対して、警察は「われ関せず」を決め込むことが往々にしてあります。善意の第三者が訴え、直接的な暴力被害を受けたにもかかわらず、何ら具体的な対応を示さない。これは一体なぜでしょうか。

警察側は「あのような連中に注意をすると、差別や人権問題だと騒がれる。強力な排除ができない」と釈明しています。これに中野駅前でスマホを壊された女性は「警察の気持ちはわからないでもないが、本末転倒ではないか」と反論しました。それはそうでしょう、人権問題と言うのなら、被害を受けた女性のほうこそ人権を侵害されたというべきではありませんか。警察の及び腰は問題です。

公職選挙法によれば、演説妨害は「選挙の自由妨害」とされ、刑事罰の対象になります。北海道・札幌駅前では、安倍首相の演説中に「安倍辞めろ」と連呼した男性が警察によって強制排除されました。これが当然の処置ですが、この強制排除について、朝日新聞は七月十六日のデジタル版でネット記事を引用しながら「民主主義の国で起きたこととは思えない」と警察批判を展開したのです。もっとも、不可解なことに数時間後には内容を一部変更し、先の一文は削除されました。彼ら、お得意の何かしらの忖度が働いたのでしょうか。

国会前では連日、東京都の「拡声機暴騒音規制条例」に違反するほどの大音量で騒いでいたグループがいましたが、排除される様子はありませんでした。二〇一一年に経産省前に張られた「脱原発テント」は、国有地の一角を不法占拠し続けていたにもかかわらず、撤去できたのは、五年も経ってからのことでした。

ちなみにある時、脱原発テントで行われた演説に耳を傾けると、米国の核は悪い核だが、北朝鮮の核はいい核だと訴えていました。まともな主張ではありません。

法律や条例に違反した行為には、しかるべき対応をすべきですが、どうしてこうも後手に回ってしまうのか。左派勢力は何かといえば「人権侵害だ」「弱者の視点に立て」と、一見正論と思える言葉で武装して攻めてきますが、人権や弱者の保護という考え方は左派だけのものではなく、より普遍的なものではないでしょうか。にもかかわらず、いつの間にか左派が左派のためにだけ独占する特権のようになって、官僚や警察ですら逆らえなくなっている状況にあります。こんな異常状態が許されていいはずはありません。

二〇一七年の東京都議選の演説中、安倍首相は、一時間以上にわたる「安倍辞めろ」コールに演説を妨害され、首相は「こんな人たちに負けるわけにはいかない」と訴えました。この発言に嚙みついたのが「反安倍」を〝社是〟とする朝日新聞です。朝日は「国民を〝こんな人たち〟呼ばわりするのか」と批判を展開し、ワイドショーも待っていましたとばかりに飛びつきましたが、実際に〝こんな人たち〟なのです。憎悪と偏見に凝り固まった、陰険で卑怯な活動家に対して、警察は毅然とした態度をとり、国民も批判の矢を向けるべきではないでしょうか。

野党も野党なら新聞も新聞だ

「桜を見る会」前夜祭に嚙みついてきたのは日本共産党の田村智子議員でした。桜を見る会の前夜にホテルニューオータニ東京で開催された「安倍晋三後援会　桜を見る会」に関して、いずれの団体の収支報告書にも「前夜祭」の会費収入、支出の記載が見当たらないというのです。とはいえ、会費はホテルに払われたものだから、記載がなくて当たり前です。

ところが、これを受けて、東京新聞（二〇一九年十一月十二日付）は一面トップで「毎年前夜に講演会と懇親」と、いかにも問題があるように報じました。「桜を見る会」自体は、歴代首相が主催してきたものです。民主党政権時代でも踏襲されていたから問題はないはずですが、朝日と毎日は足並みをそろえて、安倍政権になってから公費支出と参加者が増加傾向にあると書き、さらに十三日付の社説で「首相の私物化許されぬ」（朝日）、「公金私物化の疑問が募る」（毎日）と批判を加えました。

公費支出が膨らんでいると言っても、何億円もかかっているわけではなく、五千五百万円程度です。安倍首相や萩生田光一文科相らの後援会関係者が多く出席しているとも書いていますが、首相主催のイベントなのだから、その関係者が増えるのは当然でしょう。

民主党の鳩山政権時代に開催された桜を見る会のときだって、後援会の支援者をたくさん招待していました。広大な敷地の新宿御苑で開かれるので、ある程度の人数がいなければ閑散としてしまいます。だから動員をかけるのです。

元民主党議員で今は自民党に移った長尾敬前内閣府政務官は鳩山政権時代の会を振り返って、「民主党本部から、せっかくの機会だから地元支援者に上京してもらい、後援会固めに使うよう指示があり、後援会名簿を出した。このことは、いま野党で安倍政権の私物化だと批判している旧民主党出身の人たちも、みんな知っているはずだ。（今さら取り上げて批判するのは）しらじらしく、不思議な光景だと思う」と語っています。

実際、私が入手した民主党の野田佳彦内閣当時の二〇一二年二月二十三日に、党総務委員長名で各所属議員宛てに出された「『桜を見る会』へのご招待者名簿の提出について」という通知には、こう記されています。

「今回は野田総理大臣の下での『桜を見る会』となり、そこに後援者の方等をご夫妻で招待いただく絶好の機会になります」

「国会議員ごとの招待者の数は、四名（入場者八名）までとさせていただきます」

結局、野田内閣では北朝鮮による長距離弾道ミサイル発射予告があり、桜を見る会は催されなかったのですが、こんなブーメランそのものの批判にもならない幼稚な批判をして、それで安倍政権を倒すと息巻いていたのが野党でした。ネットの反応を見ても「バカじゃないの？」「くだらないね」といった感想が大半を占めていました。結局、翌年（二〇二〇年）の「桜を見る会」は早々と中止と決まりました。菅新首相もこの会はもう開かないと決めました。

ほかにも、萩生田文科相の受験生への「自分の身の丈に合わせて頑張って」発言や、河野太郎防衛相の「私は地元で雨男といわれ、防衛相になってすでに台風が三つ（来た）」発言が不謹慎だと騒ぐなど、どんな些細なことにも安倍政権の瑕疵《かし》を見つけ出そうとする野党や大手マスコミの姿勢には呆れるほかありません。これでは軽いパーティジョークも言えない。

野党も野党なら、こんなバカバカしいことを大真面目に取り上げる新聞も新聞です。「反安倍」の旗を掲げる両者は一見したところ一体のように思えますが、野党の尻馬に乗って騒ぐだけの新聞は国民から見放されつつあるだけでなく、〝同志〟のはずの野党からもすっかりナメられるようになってしまいました。

それなら「産経は論外」で結構

二〇二〇年二月四日、立憲民主党の安住淳《あずみじゅん》国対委員長が、国会質疑の模様を伝えた新聞各紙に論評を加え、国会内の野党控室のドアに記事のコピーを貼り出すという出来事がありました。

「それでも（野党）結集を諦めるな」と題した東京新聞の政治部記者コラムには、「百点」「素晴らしい！」の文字と記者の似顔絵に花丸印。「『桜』夕食会の収支不記載　首相、他議員も『問題ない』」と見出しをつけた朝日新聞には花丸。「『桜』首相答弁ほころび」の毎日新聞にも花丸。「野党、政策論争に注力」なる見出しの読売新聞は「ギリギリセーフ」。

一方、日経新聞の「岸田氏『中間層に分配を』ポスト安倍、政策鮮明」という記事には大きなバツ印がつけられ、「くず」「0点」「出入り禁止」の文字が添えられました。そしてドアの下方に貼りつけられた「政府に注文　自民存在感」という産経新聞の記事は案の定、「論外」でした。

要するに、自民党議員による質問など記事にする価値がなく、自分たちにスポットライトを当ててくれさえすればいいと思っているのでしょう。内心どう思おうが勝手ですが、野党第一党の幹部が公の場、国会内でこんな子供じみたことをするとは、見ているこちらが恥ずかしくなりました。安住氏は「ちょっと調子に乗った」「ほんの冗談のつもり」と釈明しましたが、もし自民党議員が同じことをしたら、一体どんな罵詈雑言を浴びせたでしょう。報道への圧力だの言論統制だのと、大騒ぎしていたことは容易に想像できます。

唯一の救いは、立憲民主党内から、山尾志桜里氏が声を上げたことでした。山尾氏はツイッターで、「公党が各紙の報道を上から目線で比較評価して、『論外』なんてコメントするのが論外だ。野党だって権力なのに」と苦言を呈しました。

権力者を批判してきた人物が自ら権力を得たとたんに強権的になることが珍しくないのは、かつての民主党政権が証明してくれています。民主党政権時代、輿石東《こしいしあずま》幹事長（当時）は、自身の意に沿わない報道をしたテレビ各社を、「そんなことをやっていると電波を止めるよ。政府は電波を止めることもできる。そうなったらみんな給料をもらえなくなる」と恫喝《どうかつ》しました。松本龍復興担当相（同）も、宮城県知事に「県でコンセンサスを得ろよ。そうしないと、我々は何もしないぞ。ちゃんとやれ」などの暴言を吐いた後、「今の言葉はオフレコだ。書いたらその社は終わりだから」と言い放って謝罪に追い込まれて辞任しています。

安住氏は民主党政権で財務相や防衛副大臣を務めたことがあります。かつて政権の中枢にいた人間が、平気でこんな愚行を冒すのが恐ろしい。

その後、国民民主党に移った山尾氏が言うように、国会議員である以上、野党であっても権力者なのです。立憲民主党の枝野幸男代表は「安倍一強」を批判しますが、自分はどうなのか。

立憲民主党には、発足して三年近く経っても代表選規約すらなく、事実上の「枝野一強」状態が続きました。このままでは「枝野終身代表」になってしまうところでしたが、幸い国民民主党とともに合流新党を作るにあたって代表選が九月十日に行なわれました。枝野氏と国民出身の泉健太氏との一騎討ちとなり、枝野氏が当選しました。

もっとヒドイのが共産党で、志位和夫委員長は選挙も行われないまま就任から二十年（二〇二〇年現在）というありさまです。そのことについて記者会見で産経記者が質問すると、しどろもどろになっていました。野党には民主主義のルールが適用されていないのです。それでいて安倍首相を「独裁者」呼ばわりするのは、まさにブーメランと言うほかありません。

安住氏の一件は、メディアの本性も露呈することになりました。マスコミは安住氏に怒りの声を上げなかったのです。「出入り禁止」「クズ」呼ばわりされた翌日の日経新聞は、ベタ記事でさらっと触れただけ。ふだん持ち上げている野党からけなされても反論すらしない。「反権力」の旗を振っているメディアに限って、自分たちと親和性の高い政権や政党に甘くなる。

そんな体たらくだから、政治家にナメられるのです。ダブルスタンダードがばればれなのも、メディア不信の一因でしょう。

現に、政治がメディアを見下しつつあります。森友・加計問題や特定秘密保護法、安保法制などへの批判から安倍政権が支持率を落としても、数カ月後には何もなかったかのように元に戻る。

左系メディア総動員で安倍政権を叩いても、一時的・部分的な影響しか及ぼさないと見抜かれているのです。

負けパターンに固執する立憲民主党

立憲民主党の迷走には目を覆うばかりです。

参議院議員で幹事長の福山哲郎氏が、新型コロナウイルス対策に没頭する政府専門家会議の尾身茂副座長に不遜な言葉を浴びせ、ネット上で批判されたことは前述しました。そもそも福山氏は昔から態度が横柄なことで有名なのですが、彼のほかにも、新宿二丁目で警察官を恫喝《どうかつ》した石川大我氏や、緊急事態宣言発令中にもかかわらず、歌舞伎町のセクシーキャバクラに通っていた高井崇志氏など、立憲議員の軽率な行動は枚挙にいとまがありません。さすがに高井氏の場合は除籍処分されました。

蓮舫氏の国会質問にも、国民の多くは不快感を覚えるだけです。こんな国会議員以前に社会人失格のような態度では、コロナ禍で在宅時間が増え、今までより、国会中継を見るようになった国民の反発を買うのも当然です。

毎日、共同などの世論調査によれば、立憲民主党の支持率は一時期、日本維新の会に抜かれてしまった。枝野幸男代表をはじめ、執行部の政権への言いがかりのような批判戦略が明らかに間違っていることを示しています。

二十年間無敗の麻雀プロである桜井章一氏が、ある著作で面白い見方を披露しています。「負ける奴は己の負けパターンに固執する」と。まさに現在の立憲に贈りたい言葉です。なんでもかんでも政権に噛みつき、騒ぎ立てるスタイルは一部のコアな立憲支持者を喜ばせるだけで、結局は自滅の道をひた走ることになります。

皮肉なことに、立憲民主党が安倍政権を一番支えている「政党（隠れ与党）」だと言えます。立憲がもっと賢明、かつ上手に立ち回っていたら、安倍政権はもっと追い込まれていたでしょう。やみくもな政権批判は、何ら事態を進展させることにはならず、自分たち自身に返ってきます。天に唾《つば》するだけでしょう。

公選法違反ギリギリでも「他意はない」

コロナ禍の下、これまでのような有権者と直接〝触れ合う〟選挙運動もできず、盛り上がりを欠いたまま、東京都知事選が二〇二〇年七月に行われました。

立候補したのは「コロナとの闘い」を選挙活動に上手に利用してきた現職の小池百合

子氏をはじめ、立憲民主党・日本共産党・社民党ほかが推す元日弁連会長の宇都宮健児氏、れいわ新撰組代表の山本太郎氏、日本維新の会ほかが推薦する元熊本県副知事の小野泰輔氏など、総勢二十二名。

立候補者数だけは過去最多でしたが、都議会で知事と対立する自民党が対抗馬を立てず、野党は一本化できず、したがって有権者の関心も高まらず、といった具合で、現職の小池氏が断トツの五九・七〇％の得票率で当選。以下、宇都宮健児氏（得票率一三・七六％）、山本太郎氏（同一〇・七二％）、小野泰輔氏（同九・九九％）と続きました。日本維新の会副代表でもある吉村洋文大阪府知事が支援した小野氏の健闘が目立った程度で、とくに意外性も波瀾もない結果となりました。

そのなかで波紋を広げたのが、立憲民主党の枝野幸男代表のツイッターへの書き込みとその後の言動でした。

公職選挙法一二九条により、選挙運動は投票日の前日までしかできないことになっています。

にもかかわらず、枝野氏は投票当日の七月五日、唐突に自身の出身地である宇都宮餃子の思い出をつづり、「#宇都宮」とハッシュタグをつけてツイッターに投稿したのです。

前述したように、立憲民主党は宇都宮健児氏を支援していたのですから、このツイートが選挙と無関係で通るはずがありません。案の定、枝野氏のツイートは選挙違反ではないかとの指摘が相次ぎ、「公選法違反ギリギリをついてくるなんて」「姑息すぎ」「熊本の（豪雨）災害より〝餃子〟ですか」……と批判のコメントが相次ぎ、宇都宮氏のサポートチームでさえ、「まさかそんな子供（に）言い聞かせるようなこと、法の専門家（枝野氏は弁護士出身）に事前にご注意申し上げられるわけもなく……」とツイッターであきれる始末でした。

にもかかわらず、枝野氏は反省するそぶりも見せず、翌六日の記者会見で「公選法の趣旨に照らし合わせて特定候補を連想させる投稿は避けるべきではなかったか」と問われると、こう強弁したのです。

「誤解とご心配をおかけしていること、恐縮に思っているが、他意はない」

「誤解」とは何を指して言っているのでしょう。また、「他意」とは「心中に隠し持つ考え」のことです。宇都宮氏を応援すること以外、ほかに考えはなかったという意味なのでしょうか。

記者が、重ねて「他意はないという説明は無理がある」「公選法に抵触しないとの認識か」と質しても、枝野氏は「ツイートの通りだ」と繰り返すばかりでした。

同党の福山哲郎幹事長も、七日の記者会見でこう言い放ちました。

「本人が他意はないと言っているので、それ以上でもそれ以下でもない。何をどう説明すればいいいんでしょうかね」

誰にも魔が差すことはあります。だとしても、枝野氏のこのツイートとその後の言動は、あまりに軽率かつ不誠実ではないでしょうか。これはもう「確信犯」の居直りとしか考えられません。

「野党第一党の党首である私が『ポスト安倍』だ」

野党にとってはいつものことですが、政府・与党には厳しく説明責任を問うくせに、自分自身や身内にはどこまでも甘い。

党所属議員に関する疑惑について記者会見で問われると、「知見がない」を連発してまともに答えようとしないのが枝野氏の常套手段です。それではと福山幹事長に訊ねると、「私が質問に答えるのは適切ではない」で済ませるのです。

産経新聞が二〇一〇年六月に、左翼過激派、日本革命的共産主義者同盟マルクス主義派（革マル派）の活動家が「影響力を行使し得る立場に相当浸透している」（政府答弁書）という労組から、枝野氏が数百万円単位の献金やパーティー券購入を受けていたことを報じた際もそうでした。

産経新聞が事務所を通じてコメントを求めたのに対し、枝野氏の回答は木で鼻をくくったようなものでした。

「政治資金規正法にのっとり適正に処理している」

枝野氏はかねて安倍氏が首相だった時には、「野党第一党の党首である私が『ポスト安倍』だ」と訴え、安倍晋三首相の次は自分だと主張してきました。

確かに、自民党に何か致命的なスキャンダルが発覚したり、国民を深く失望させる失政があったりして政権交代が起きるようなことになれば、枝野氏が首相の座に就くこともあり得ない話ではありません。

そうなれば、国民は不幸なことに、何が起きても「他意はない」「知見がない」「適正に処理している」と繰り返す首相をいただくことになります。一見バカバカしい宇都宮ギョーザのツイートが、枝野幸男という政治家の本質を顕わにしたと言えるでしょう。

女系天皇誕生にまつわる無知と不遜と謀《はか》りごと

どうでもいいような問題で騒ぎ立て、国会審議の妨害をするのも国民を裏切る「反国家的行為」ですが、これが国の根幹に関わる問題となると、ことはさらに重大です。たとえば「皇位継承問題」です。

自民党内では二〇一九年六月、青山繁晴参院議員らを中心に「日本の尊厳と国益を護る会」が発足し、「父系（男系）の皇位継承」などを目標とすることを表明しました。これらは基本的に安倍首相と同じ考え方です。すると、これに対抗するかのように、立憲民主党は「安定的な皇位継承を考える会」を、国民民主党は「皇位検討委員会」を発足させ、皇位継承資格についての考え方を発表しました。

その中身はと見ると、立憲民主党は女系・女性天皇を認める立場。私の考えとは異なりますが、いかにも立憲民主党らしい主張です。小泉内閣のときの「皇室典範に関する有識者会議」で論議された内容を踏襲しています。共産党も女系・女性天皇容認論ですが、これは「皇室の廃絶」を見越しての戦略的見解でしょう。

共産党の考えに近く、皇室と民主主義は両立しないと主張した憲法学者の奥平康弘氏（故人）は、「父方の系統に天皇のいない女系天皇」の誕生について、次のような期待を語っています。

「天皇制のそもそもの正当性根拠であるところの『萬世一系』イデオロギーを内において浸蝕《しんしょく》する因子を含んでいる」（『世界』二〇〇四年八月号）。

また、世襲の皇室制度は憲法の基本的原理と矛盾するとの立場にある憲法学者、横田耕一氏も「女系天皇を認めるということは、社会的に天皇の持つ国民統合力を弱めるように働く」（二〇〇四年二月五日の衆院憲法調査会小委員会）、「女系天皇にした場合には権威ある天皇というものは、恐らく復活しない」（二〇〇五年五月三十一日の政府の皇室典範有識者会議）と発言しています。

おそらく共産党の狙いはここにありますし、意識しているかどうかはともかく、立憲民主党の主張も同様の意思・底意を孕《はら》んでいるように見えます。

では国民民主党はどうか。玉木雄一郎代表は「男系の皇位継承」を重視すると表明し、かつ男系の女性天皇は認めるとも言っています。確かに過去、女性天皇が十代八人存在しているのは歴史的事実です。ところが玉木代表は、そこから論理を踏み外してしまっています。皇室典範を改正し、皇位継承権の順番を変え、「愛子さま」を一位にすべきだというのです。まったく意味がわかりません。秋篠宮皇嗣殿下と悠仁さまのお立場を蔑《ないがし》ろにしている。もっと言えば、悠仁さま廃帝、皇位の簒奪《さんだつ》に等しい考え方です。

この国民民主党の案は実に不遜で、皇室の方々にとっては迷惑そのものです。

直系にこだわらず、旧皇族をはじめとする男系男子の方々の皇籍復帰をもっと議論すべきではないでしょうか。そう簡単に皇籍復帰ができるものかという意見がありますが、成人している旧皇族の方々を、いきなり皇籍復帰させようとは誰も言っていません。まずは宮内庁の嘱託として採用してさまざまな活動に参加してもらい、そのお子様の代から帝王学を施し、皇族として認める――そういう過程を踏めばいいのです。

仮に愛子さまが女性天皇となり、結婚されたとして、そのお相手が民間人だったら、どうでしょうか。皇籍復帰に反対する人々は、七十年以上も民間人だった人の復帰には違和感があると強調しながら、先祖代々の民間人男性が皇族になることには抵抗がないのでしょうか。明らかに矛盾しています。

立憲民主党など女系天皇容認派は、あたかも「女系天皇や女性宮家創設は皇室の意向である」かのように主張します。しかし、安倍首相は「ある女性皇族に意思を確認したら、そんなことは望んでいないとハッキリ言われた」と語っています。

国民民主党は、「男系の皇位継承」と一方で保守の仮面を被り、また一方では国民の人気取りを狙って「愛子さまの天皇即位」を持ち出したのです。当初は論理的にあまり意味がないと切り捨てていた女性宮家創設を、二〇一九年の参院選では、党の公約にしました。その時々の世論に阿《おもね》っているわけです。これでは、国民民主党の存在意義などないに等しいと言わざるを得ません。

「皇位継承問題」では各党の皇室観・歴史観があからさまに表れます。国民はそれをはっきり見きわめなければなりません。

憲法改正の旗は降ろさない

その国民民主党は前述したように所属議員の多くが立憲民主党に吸い寄せられました。玉木氏など一部の議員が新「国民民主党」をつくりました。その大きな対立軸は「原発ゼロ」云々でした。

もう一つ、国の存亡に関わる憲法改正問題について野党に目を向けてみると、立憲民主党と国民民主党との出身者の間で足並みが揃うかは甚だ疑問です。それどころか立憲民主党内でも、山尾志桜里氏は、「憲法の議論はまず、（憲法審の）委員各自が背負う、選挙や政党の空気・圧力を意識的に取り外し、『全国民の代表者』たる一人の国会議員として、矜持《きょうじ》をもって発言すべきだ」とフェイスブックに書いて物議を醸《かも》したことがありました。彼女はその後、立憲から国民民主党に移りましたが、立憲内もまた一枚岩ではないのです。

こと憲法問題になると、党の意思に誰もが唯々諾々と従うわけではありません。とくに、立憲民主党と合流した国民民主党側には、憲法を改正すべきだと考えている良識派の議員もたくさんいます。そういう議員に対しても、自民党は水面下で協力を呼び掛けていくでしょう。

国民民主党代表の玉木雄一郎氏は「憲法改正論議をやりましょう」と口にしていました。実際に、国会の衆院予算委員会では、玉木氏は安倍首相に直接「自民党改正案から九条について取り下げませんか。自民党案は賛成できない」と話しました。学者や評論家の中でも、「国民の間に憲法九条改正については抵抗感がある。だから緊急事態条項など、ほかのところから手をつければいい」と主張する人もいます。

しかし、安倍首相はまわりからどんな声が上がろうとも、「自民党総裁として、九条への自衛隊明記は大変大切だと思う」と、その旗を降ろす気はありませんでした。

災害時の救援活動や支援活動を含めて、国民の自衛隊感情は好意的です。それに自衛隊の待遇は、実に劣悪だと言わざるを得ません。駐屯地ではトイレットペーパーの購入すら自腹だそうです。ある航空基地の立て看板には「自衛隊は憲法違反だ」と書かれる始末です。北朝鮮情勢や中国の不気味な動きが活発化する中で、最前線で対峙する自衛隊に対して憲法上の地位すら与えないなんて許されることでしょうか。

マスコミの世論調査で「九条に自衛隊を明記することは賛成か、反対か」と聞かれたら、意見は割れるかもしれません。ですが、国民投票をする段階で、現実に投票所に足を運んだとき、自衛隊を明記するべきではないと思えるかどうか。

ここのところを想像すると、反対票を入れる人はそれほど多くないと見ています。

一方で、憲法に明記したからといって、何も変わらないだろうと言う人たちもいます。私はそう思いません。一九九九年、小渕恵三政権は「国旗国歌法」を制定しました。保守派内でも「日の丸・君が代なんて当たり前なのだから、無理にそんな法律をつくることはない」という声がありました。ですが、きちんと法を整備した結果、共産党や日教組による国旗・国歌反対運動が下火になっていったのです。

第一次安倍政権下で防衛庁から防衛省に名称を変えたときもそうでした。当時の防衛庁内ですら「それほど優先順位の高いことか」と批判的な声が上がりました。ですが、防衛省自衛隊になってからのほうが、はるかに存在感を増すようになり、国民の認知度も高まっている。一次政権で蒔いた種を、二次政権で刈り取る総仕上げの時を迎えつつあったのです。

史上最長の政権であり、内閣支持率も安定的に高い状態にある安倍政権下で憲法改正が頓挫してしまったことで、それこそ何十年と改正できないかもしれない。憲法改正にエネルギーを注ぎ込もうという機運が失われてしまうかもしれません。

となれば、GHQ製の「占領憲法」を終生、戴き続けることになる。米民主党大統領候補であるバイデン議員がオバマ政権の副大統領だったとき、ヒラリー・クリントン氏の応援演説で「核武装を禁止した日本国憲法を我々が書いたことを、彼（トランプ氏）は理解していないのではないか。彼は学校で習わなかったのか。トランプ氏は判断力が欠如しており、信用できない」と堂々と述べています。その発言を横で聞いていたクリントン氏はニヤニヤ笑っていたとか。

米政府高官に、日本の憲法は米国製だと公言される。こんな屈辱的な状況に日本、および日本人は甘んじ続けていいのでしょうか。

〝与党〟公明党に「平和の党」を名乗る資格なし

とはいえ、自民党のなかにも九条に自衛隊を明記することに反対する人もいるし、安倍首相の改正案に反対する石破茂のような「ポスト安倍」候補もいます。加えて、連立政権を組む与党・公明党も問題です。

安倍首相は二〇二〇年六月十八日の記者会見で、敵のミサイル基地を攻撃して発射を阻止する「敵基地攻撃能力」保有の検討を表明しました。これは、地上配備型迎撃システム「イージス・アショア」配備断念を機に、長年の考えを実現しようと考えたのだろうと思います。その前日、首相は周囲にこう語っていました。

「イージス・アショアがこうなったから、自衛隊の打撃力について正面から議論しようと思っている。国家の安全について徹底的に議論していきたい」

敵基地攻撃能力保有の問題については、すでに六十四年も前の昭和三十一年（一九五六）二月、当時の鳩山一郎首相が、敵基地攻撃能力の保有は合憲だとの政府統一見解を示し、次のように語っています。

「わが国土に対し、誘導弾などによる攻撃が行われた場合、座して自滅を待つべしというのが憲法の趣旨だとは考えられない」

中国や北朝鮮の脅威がこの当時には考えられなかったほど高まっている現在、誰がみてもしごく当然の発言と思えるはずです。にもかかわらず、公明党は「専守防衛の基本的な考えからも、国民の理解を得られるとは思っていない」と斉藤鉄夫幹事長が語るなど、時代遅れの非合理的な見解を繰り返し表明しています。

専守防衛とは、有事の際には必然的に日本の国土が戦場となる本土決戦論であり、昭和の鳩山一郎内閣当時よりはるかにミサイル技術が進化した現在にあっては、まさに「座して死を待つ」行為です。これでは抑止力も働きません。

国民の生命、財産を軽視する危険で外患を招く発想を改めない限り、公明党は「平和の党」を名乗るべきではありません。

安倍首相は辞任直前の九月十一日、中国の脅威を視野に、敵基地攻撃能力を含む「ミサイル阻止」について、次の内閣で議論を深めるように促す談話を発表しました。そして辞任三日後の十九日には、靖國神社を参拝しました。

どちらも公明党が嫌がる行為ですが、公明党を連立を組む友党として尊重しつつも、やるべきことは進めるとの姿勢を明確にした形です。そしてこの姿勢は、菅義偉内閣も当然、継承しなければなりません。

安倍晋三の軌跡

一九五四年	九月	二十一日	安倍晋太郎と、その妻の洋子の次男として東京に生まれる
一九七七年	三月		成蹊大学法学部政治学科を卒業
一九七九年	四月		神戸製鋼所に入社
一九八二年	十一月		退社し、安倍晋太郎外相の秘書官になる
一九八七年	六月	九日	森永製菓社長・松崎昭雄の長女、昭恵と結婚する
一九九一年	五月	十五日	父・安倍晋太郎が急死
一九九三年	七月	十八日	衆議院議員選挙に山口一区から出馬して初当選
一九九六年	十一月		自民党の青年局長に就任
二〇〇〇年	七月		第二次森喜朗内閣の官房副長官に就任
二〇〇一年	四月		小泉純一郎が首相に就任し、官房副長官に再任
二〇〇二年	九月	十七日	小泉首相の訪朝に同行
二〇〇三年	九月		自民党幹事長に就任
二〇〇四年	九月		夏の参院選を受けて幹事長を辞任するも、幹事長代理に就任
二〇〇五年	九月		郵政民営化法案をめぐっての衆院解散総選挙で自民党が圧勝
	十月		第三次小泉改造内閣で官房長官として初入閣
二〇〇六年	九月	一日	自民党総裁選への出馬を表明
		二十日	麻生太郎、谷垣禎一を破って自民党総裁に就任

二〇〇六年	九月	二十六日	戦後最年少の内閣総理大臣となり、安倍第一次政権発足
	十月		就任後初外遊で中国、韓国を訪問
二〇〇七年	五月	二十八日	松岡利勝農水大臣が自殺
	七月	二十九日	参院選で自民党大敗
	九月	十二日	急きょ、退陣を表明し、翌日に慶応病院に緊急入院
二〇〇九年	八月		衆院選後、麻生太郎内閣が倒れ、民主党政権（鳩山由紀夫内閣）誕生
	十月	三日	盟友の中川昭一が急逝
二〇一二年	九月	十二日	自民党総裁選への出馬を表明
		二十六日	決選投票で石破茂に逆転し、自民党総裁に就任
	十二月	十六日	衆院選で自民党が圧勝し、政権を民主党から奪還
		二十六日	第二次安倍内閣が発足。安倍晋三首相は「危機突破内閣」と命名
二〇一三年	一月	二十二日	政府と日銀が二％の物価上昇率目標を明記した「アベノミクス」共同声明発表
	二月	十二日	北朝鮮が三回目の核実験。日本政府は独自の追加制裁決定
		二十二日	訪米した首相がオバマ大統領と初会談。強固な日米同盟を確認
	三月	十五日	首相が環太平洋戦略的経済連携協定（ＴＰＰ）への交渉参加を正式表明
	四月	四日	日銀が金融政策決定会合で「異次元の金融緩和」を決定
		二十八日	政府が「主権回復」の記念式典開催

二〇一三年	四月	二十九日	首相がロシアでプーチン大統領と会談。北方領土交渉加速などを盛り込んだ共同声明発表
	七月	二十一日	参院選で自民党が六十五議席を獲得し圧勝。与党で過半数を確保し、衆参の「ねじれ」解消
	九月	七日	二〇二〇年の東京夏季五輪・パラリンピック開催が決定
	十月	一日	首相が平成二十六年四月の消費税率八％への引き上げを表明
	十一月	十五日	緊急時に在外邦人の陸上輸送を可能にする改正自衛隊法が成立
	十二月	四日	国家安全保障会議（ＮＳＣ）が発足
		六日	機密を漏らした公務員らへの罰則を強める特定秘密保護法が成立
		二十六日	首相が靖國神社を参拝。アメリカは「失望」と表明
二〇一四年	二月	二十日	石原信雄元官房副長官が衆院予算委で元慰安婦の聞き取り調査を「裏付け調査なし」と証言
	四月	一日	消費税率が五％から八％に引き上げ
		二十三日	オバマ大統領が約三年半ぶりに来日。二十四日に日米首脳会談
	六月	十三日	憲法改正の手続きを定めた改正国民投票法が成立
		二十日	政府が慰安婦募集の強制性を認めた「河野談話」作成過程の検証結果を公表
	七月	一日	政府が集団的自衛権の行使容認を閣議決定
	八月	五、六日	朝日新聞が五、六日の紙面で慰安婦報道について一部記事の誤りを認めるが明確な謝罪はせず
	九月	三日	第二次安倍改造内閣が発足。首相は「実行実現内閣」と命名

二〇一四年	十一月	九日	首相がアジア太平洋経済協力会議（APEC）首脳会議出席のため再登板後初めて訪中。十日に習近平国家主席と会談
		十八日	首相が平成二十七年十月に予定していた消費税率一〇％への引上げの一年半延期と、衆院解散を表明。二十一日に解散
	十二月	十四日	衆院選で自民党勝利。与党で改憲発議に必要な三分の二以上維持
		二十四日	第三次安倍内閣が発足。首相は憲法改正を「歴史的なチャレンジ」と位置づけ
二〇一五年	三月	十日	独メルケル首相が七年ぶりに来日。首相と会談
	四月	二十八日	日米首脳会談で「新時代の同盟関係」を掲げた共同声明発表
		二十九日	首相が米上下両院合同会議で演説。絶賛される
	八月	十四日	戦後七十年で「安倍談話」を閣議決定
	九月	八日	首相が自民党総裁選で無投票再選
		十九日	集団的自衛権の限定的な行使を認める安全保障関連法が成立
	十月	五日	TPP交渉、米国を含む参加十二カ国が大筋合意
		七日	第三次安倍改造内閣が発足。首相は「未来へ挑戦する内閣」と位置づけ
	十一月	二日	首相が韓国の朴大統領と初会談
	十二月	十二日	首相がインドのモディ首相とニューデリーで会談。原子力協定の締結で原則合意
		二十八日	日韓外相会談で慰安婦問題の「最終的かつ不可逆的解決」に合意
		三十日	東京株式市場が大納会で十九年ぶり一万九千円台

二〇一六年	一月	六日	北朝鮮が四回目の核実験を強行
		二十九日	日銀がマイナス金利政策の導入決定
	二月	四日	日米など十二カ国がTPPに署名
		十九日	政府が北朝鮮に対する独自の制裁強化措置を発動
	三月	二十七日	民主党と維新の党が合流し「民進党」結成
	四月	十四日	熊本県で震度七の地震が発生
	五月	二十六日	伊勢志摩サミット開催
		二十七日	オバマ氏が現職の米大統領として初めて被爆地・広島を訪問
	六月	一日	首相が消費税率一〇%への引き上げの二年半（三十一年十月）先送り表明
	七月	十日	参院選で前回を上回る議席を獲得
		三十一日	舛添要一東京都知事の辞職に伴う都知事選で小池百合子が当選
	八月	三日	第三次安倍内閣(第二次改造)が発足。首相は「未来チャレンジ内閣」と命名。北朝鮮がミサイル発射、初めて日本の排他的経済水域（EEZ）に落下
		八日	天皇陛下が譲位のご意向をにじませた「おことば」をビデオメッセージで表明
		二十四日	北朝鮮が潜水艦発射弾道ミサイル（SLBM）発射、日本海に落下
	九月	一日	首相が「ロシア経済分野協力担当相」を新設、世耕弘成経済産業相を任命

二〇一六年	九月	九日	北朝鮮が五回目の核実験強行
		十五日	民進党代表選で蓮舫が当選。直前に「二重国籍」を認め謝罪
	十月	二十六日	自民党が党総裁任期を「連続三期九年まで」に延長を決定
	十一月	九日	米大統領選で共和党のトランプ当選。首相は十日に電話会談、十七日にニューヨークで会談
	十二月	十五日	首相が山口県でプーチン露大統領と会談。北方領土での「共同経済活動」の実現に向け、事務レベル協議開始で合意。十六日は東京で会談
		二十七日	首相が米ハワイを訪問し、オバマ大統領と真珠湾で慰霊
二〇一七年	一月	二十日	トランプ米大統領就任。二十三日にはＴＰＰから離脱する方針を明記した大統領令に署名
	二月	六日	実質賃金が前年比〇・七％増となり五年ぶりプラスになる
		十日	首相が訪米し、トランプ大統領就任後初の日米首脳会談。十一日にはゴルフ会談
	三月	六日	北朝鮮の中距離弾道ミサイル三発が日本のＥＥＺに落下
		二十三日	森友学園問題で国会が同学園の籠池泰典理事長を証人喚問
	四月	二十日	貿易収支が四兆六十九億円の黒字となり六年ぶり黒字になる
		二十七日	首相がモスクワでプーチン大統領と会談。共同経済活動の実現に向け、日本側が官民合同の現地調査団派遣で合意
	五月	三日	首相が、自民党総裁としてのメッセージ。憲法九条改正による自衛隊明記と二〇二〇年新憲法施行に意欲表明
		九日	韓国大統領選で文在寅が当選

二〇一七年	五月	十九日	大卒の就職内定率（二十九年四月時点）が九七・六％と過去最高を記録
		二十八日	首相の通算在職日数が千九百八十一日となり、小泉純一郎元首相を上回り歴代五位（桂太郎、佐藤栄作、伊藤博文、吉田茂、安倍晋三）、戦後三位（佐藤栄作、吉田茂、安倍晋三）に
	六月	九日	天皇陛下の譲位を可能にする特例法が成立
		十五日	共謀罪の構成要件を厳格化した「テロ等準備罪」を創設する改正組織犯罪処刑法が成立
	七月	六日	首相が欧州連合（ＥＵ）のトゥスク大統領、ユンケル欧州委員長とブリュッセルで会談。ＥＵとの経済連携協定（ＥＰＡ）交渉が大枠合意に達したと宣言
		十日	加計学園問題で国会が前川喜平前文部科学事務次官、加戸守行前愛媛県知事らを参考人招致
		二十八日	正社員の有効求人倍率が一・〇一倍と初の一倍超え
	八月	三日	第三次安倍第三次改造内閣が発足。首相は「仕事人内閣」と命名
		十七日	日米同政府がトランプ政権発足後初めて外務・防衛閣僚級協議（二プラス二）を開催
		二十九日	北朝鮮が北海道上空を通過する中距離弾道ミサイルを発射
	九月	三日	北朝鮮が六回目の核実験を強行。十五日には再び北海道上空を通過する弾道ミサイルを発射
		二十日	首相が国連総会で一般討論演説を行い、北朝鮮への圧力強化を訴え
		二十五日	首相が衆院解散を表明。小池都知事が「希望の党」結党を表明

二〇一七年	九月	二十八日	衆院解散。前原代表が民進党の希望の党への合流を提案、了承。しかしその後分裂状態に陥る
	十月	二十二日	衆院選で自民、公明両党で三分の二以上の議席を確保し大勝
		二十四日	日経平均株価が史上最長となる十六営業日連続の上昇を記録
	十一月	一日	第四次安倍内閣が発足。全閣僚を再任
		五日	トランプ大統領が初来日、首相とゴルフ会談。六日に日米首脳会談
		八日	景気拡大期間が平成二十四年十二月から二十九年九月まで五十八カ月となり、「いざなぎ景気」を超え戦後二位に
		九日	首相がAPEC首脳会議のためベトナム訪問。十日にプーチン大統領と、十一日に習主席と会談
		十一日	日本や豪州などTPP参加十一カ国が米国を除く新協定の大筋合意を正式発表
		二十九日	北朝鮮が弾道ミサイル発射、日本のEEZに落下。到達高度は過去最高の約四千五百キロとみられた
	十二月	一日	皇室会議で平成三十一年四月三十日の譲位が事実上決定
二〇一八年	一月	四日	東京株式市場が大発会で二十六年ぶり二万三千円台
		十一日	中国潜水艦が沖縄県・尖閣諸島周辺の接続水域内を航行するのを初確認
	二月	九日	首相が韓国・平昌で文大統領と会談
	三月	九日	森友学園問題で、文書改ざんの責任をとって佐川宣寿国税庁長官が引責辞任。二十七日には国会が佐川を証人喚問

二〇一八年	四月	十七日、十八日	首相が訪米しトランプ大統領と会談
		二十七日	韓国の文大統領と北朝鮮の金委員長が板門店で南北首脳会談
	五月	九日	首相が、来日した中国の李克弥首相、韓国の文大統領と都内で会談。
		二十六日	首相がモスクワでプーチン大統領と会談。共同経済活動で民間調査団派遣に合意
		三十一日	森友学園問題で大阪地検特捜部が佐川ら三十八人全員を不起訴処分とすることを決定
	六月	七日	訪米した首相がトランプ大統領と会談。十二日の米朝首脳会談に向け対北朝鮮政策を協議
		十二日	トランプ大統領と金正恩委員長がシンガポールで史上初の米朝首脳会談を行い、共同声明に署名。トランプ大統領は会談で日本人拉致問題も提起
		二十九日	働き方改革関連法が参院で可決、成立
	九月	六日	北海道で震度七の地震が発生
		二十日	総裁選挙で石破茂を破って当選
		二十四日	日経新聞世論調査で内閣支持率五五％に回復（不支持三九％）
	十月	二日	第四次安倍第一次改造内閣発足
		二十六日	首相が七年ぶりに中国を公式訪問。李克強首相、習近平国家主席と会談
	十一月	十三日	首相、来日したペンス米副大統領と会談

二〇一八年	十二月	二十日	韓国海軍の駆逐艦が海自のP-1哨戒機にレーダー照射。日本の抗議に対し、韓国は自衛隊機が威嚇飛行を行ったと主張
二〇一九年（平成三十一年―令和元年）	一月	三日	徴用工訴訟をめぐり、韓国地裁支部が新日鉄住金（現・日本製鉄）の資産差し押さえを認める
		二十二日	首相、ロシアを訪問し、プーチン大統領と会談
	二月	四日	メルケル独首相来日。首相と日独首脳会談
		二十七日 二十八日	ハノイで二度目の米中首脳会談。非核化交渉は決裂
	四月	一日	新元号「令和」を発表
	五月	一日	新天皇陛下ご即位
		二十五日	トランプ米大統領が令和初の国賓として来日
	六月	十三日	首相、イランの最高指導者ハメネイ師とテヘランで会談
		二十八日 二十九日	G20大阪サミット開催
	七月	四日	政府が韓国に対し、軍事転用の恐れがあるフッ化水素など半導体材料三品目の輸出厳格化を開始
		二十一日	参院選で改憲勢力が議席数三分の二を割り込む
	八月	二日	韓国をホワイト国から除外することを閣議決定（二十八日施行）
	九月	十一日	第四次安倍第二次改造内閣が発足
	十月	一日	消費税を八%から一〇%に引き上げ
		二十二日	皇居・宮殿で行われた「即位礼正殿の儀」に外国の元首ら約二千人が参列

二〇一九年（平成三十一年―令和元年）	十一月	十日	台風の影響で延期されていた天皇皇后両陛下のパレード「祝賀御列の儀」が行われ、皇居前広場や沿道で約十二万人が祝福
		二十日	首相の通算在任期間が二千八百八十七日に達し、明治・大正期の桂太郎首相の記録を抜き、憲政史上最長任期の首相に
	十二月	二十五日	ＩＲ汚職事件で秋元司衆院議員が逮捕
		二十七日	中東海域への海自護衛艦と哨戒機の派遣を閣議決定
二〇二〇年	一月	七日	中国・武漢市から世界に感染拡大中の新型肺炎が新種のコロナウイルスによるものと判明
		二十九日	武漢からの邦人救出チャーター機第一～五便が帰国
	二月	三日	横浜港に停泊した英国船籍のクルーズ船ダイヤモンド・プリンセス号で新型コロナ集団感染発生
		二十七日	首相、全国の小中高・特別支援学校に休校を要請
	三月	五日	政府が習近平主席の国賓としての来日延期を発表
		二十四日	首相がＩＯＣのバッハ会長と電話会談、東京五輪の一年延期を決定
	四月	七日	新型コロナウイルス感染拡大で緊急事態宣言
	五月	二十日	トランプ米大統領、新型コロナウイルスの感染拡大で「世界規模の大量殺人を引き起こしたのは中国」とツイート。中国の情報隠蔽と、パンデミック後の独善的な態度に国際的な対中批判が起こる
	六月	十八日	河合克行前法相と妻の案里参議院議員が公職選挙法違反容疑で逮捕

二〇二〇年	六月	二十五日	河野太郎防衛大臣、安全性の裏付け不十分を理由に、山口県と秋田県への「イージス・アショア」配備断念を表明
		三十日	中国、香港における反政府デモ弾圧のための香港国家安全法案を施行
	七月	三日～三十一日	九州・中部地方に集中豪雨（令和二年七月豪雨）
	八月	二十四日	首相としての連続在職日数が二千七百九十九日となり、大叔父にあたる佐藤栄作元総理を抜いて歴代一位に
		二十八日	記者会見で健康上の理由により辞意を表明
	九月	十一日	安保問題に関して「安倍談話」を発表
		十四日	自民党総裁選挙で菅義偉が当選
		十五日	臨時国会で菅義偉が首相に選任される
		十九日	靖國神社に参拝

阿比留瑠比（あびる・るい）
産経新聞論説委員兼政治部編集委員。昭和41年、福岡県出身。早稲田大学政治経済学部卒業。平成2年、産経新聞社入社。仙台総局、文化部、社会部を経て、10年から政治部。首相官邸、自由党、防衛庁、自民党、外務省などを担当、首相官邸キャップ、外務省兼遊軍担当などを歴任。25年、政治部編集委員。27年、論説委員兼政治部編集委員。著書に『偏向ざんまい GHQの魔法が解けない人たち』『だから安倍晋三政権は強い』（産経新聞出版）、『総理の誕生』（文藝春秋）、『安倍晋三の闘い 官邸からの報告』（ワック）など多数。

安倍晋三《あべしんぞう》が日本《にっぽん》を取《と》り戻《もど》した

2020年10月25日　初版発行
2022年７月28日　第４刷

著　者　阿比留 瑠比

発行者　鈴木 隆一

発行所　ワック株式会社
東京都千代田区五番町 4-5　五番町コスモビル　〒102-0076
電話　03-5226-7622
http://web-wac.co.jp/

印刷製本　大日本印刷株式会社

ISBN978-4-89831-829-4